기술혁신을 주도하는

최고기술경영자

기술혁신을 주도하는

최고기술경영자

홍영훈 지음

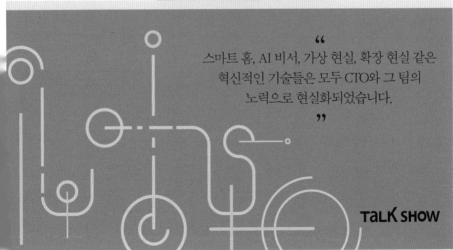

"
스마트 홈, AI 비서, 가상 현실, 확장 현실 같은
혁신적인 기술들은 모두 CTO와 그 팀의
노력으로 현실화되었습니다.
"

TALK SHOW

> "
> 기술과 개발에 대해서
> 함부로 안된다는 말을 해선 안 된다.
> 만약 안 된다고 말하고 싶으면
> 이 세상 누가 와도 주어진 도전 과제를
> 해결할 수 없다고 확신할 때만
> 안 된다고 해야 한다.
> "

- CTO로서 개발자들에게 자주 하는 이야기 -

> "
> 승자는 같은 결과를 얻기 위해서
> 다른 방법을 사용하고
> 패자는 다른 결과를 기대하면서
> 같은 방법을 사용한다.
> "

- 스포츠 격언 -

최고기술경영자
홍영훈의
프러포즈

PROPOSE

안녕하세요? 홍영훈입니다.

저는 어릴 적부터 기계를 만지고, 고치는 것을 좋아했습니다. 그 당시에는 그저 호기심에서 시작된 행동이었지만, 그 안에서 기술에 대한 놀라운 흥미를 느끼게 되었죠.

성인이 되어서야 프로그래밍을 처음으로 접했어요. 그 순간, 마치 오랜 시간을 기다려 온 것처럼 '이게 바로 내 천직이야!'라는 강렬한 느낌이 들었습니다. 그 느낌은 확고해서, 그 후로는 한 번도 개발자로서의 정체성을 잃어본 적이 없습니다.

아프리카TV를 만드는 주역으로서, 그 플랫폼이 성장하는 과정에서 얼마나 많은 기술적, 경영적 도전과 결정을 해왔는지는 말로 설명하기 어렵습니다. 현재는 기술 경영 컨설턴트와 CTO로 활동하면서, 다양한 기업에 기술 전략과 혁신에 대해 조언을 해주고 있습니다.

아프리카TV를 만들면서 느낀 가장 큰 보람 중 하나는 바로 여러분들이 그 플랫폼을 통해 새로운 콘텐츠를 즐기며 새로운 경험을 얻는 모습이었습니다. 하지만 아프리카TV만이 아닙니다. 지금 우리의 일상에서 편리함을 느끼게 해주는 수많은 기술과 서비스들이 CTO들의 노력 덕분에 만들어지고 있습니다. 예를 들면, 스마트 홈 시스템, 개인화 추천 서비스, AI 비서, 그리고 가상현실과 확장 현실과 같은 혁신적인 기술들이 모두 CTO와 그 팀의 노력으로 인해 가능해진 것입니다.

CTO로서의 경험은 매우 매력적입니다. 기술의 전선에서 팀을 이끌고, 혁신을 주도하며, 회사의 기술 방향성을 결정하는 역할은 도전과 책임감을 느끼게 합니다. 그러나 그것만큼 보람도 크고, 기술이 비즈니스와 어떻게 결합하여 성장과 변화를 불러올 수 있는지를 직접 체험하게 됩니다.

미래 사회에서 기술은 중심적인 역할을 하게 될 것입니다. 그 기술의 중심에서 리더로 활약할 수 있는 여러분들의 능력을 믿습니다. 저의 경험을 통해 말씀드리자면, 무엇이든지 흥미와 열정을 가지고 꾸준히 노력한다면 반드시 그 결과는 따라옵니다.

오늘날의 청소년들은 많은 도전과 변화 속에서 성장하고 있습니다. 그렇기에 어려움도 많겠지만, 그것을 극복하는 과정에서 얻게 될 경험과 노하우를 값지게 여기세요.

마지막으로, 여러분의 꿈을 위한 모든 노력이 절대 헛되지 않다는 것을 알아주셨으면 좋겠습니다.

여러분의 미래를 응원하는
홍영훈 올림

첫인사

편 토크쇼 편집자

홍 최고기술경영자 홍영훈

편 홍영훈 대표님, 안녕하세요? 아프리카TV 기술개발을 주도하신 대표님을 뵙게 되어서 영광입니다. 바쁘실 텐데, 청소년들을 위해 장시간의 인터뷰를 수락해 주셔서 감사합니다.

홍 먼저, 청소년 여러분과 소통할 기회를 얻게 되어 정말 감사하고, 그 자체로도 큰 영광입니다. 청소년들이 소프트웨어 개발이라는 광활하고 무한한 가능성을 지닌 세계에 관심을 보이고, 이를 향해 한 발짝씩 다가서는 것을 보면서 미래의 IT산업이 얼마나 더 활기차고 혁신적일지 기대감이 커집니다. 소중한 기회를 제공해 주신 것에 진심으로 감사드립니다.

생각해 보면, 아무리 많은 경험과 지식을 쌓았다 해도 항상 '나는 정말로 CTO로서 해야 할 역할을 제대로 수행하고 있는가?'라는 의문과 걱정이 끝없이 따라옵니다. 그런데도 제가 지금까지 축적해 온 지식과 경험, 그리고 그 안에서 배운 가치들을 청소년 여러분과 나누고, 여러분들의 성장 과정에 조금이라도 보탬이 되고자 하는 마음은 변함이 없습니다.

CTO로서 역할은 그만큼 중요하고, 여러분들에게 전달해야 할 책임감도 크다고 느껴집니다. 청소년 여러분들이 제 글을 통해 소프트웨어 개발의 깊은 바다와 그 속에서 펼쳐지는 수많은 이야기, 그리고 이 모든 것을 지휘하고 안내하는 CTO의 중추적인 역할과 그에 따른 책임감에 대해 조금 더 깊이 이해하게 된다면, 그것만으로도 저에게는 큰 보람과 행복이 될 것 같습니다.

편 저는 처음 대표님에 대해 들었을 때, 많이 긴장했어요. 기술을 사용하는 소비자 입장인 제가 기술을 개발하고 완성한 기술 경영 직업의 세계에 대해 얼마나 이해할 수 있을까 걱정됐죠. 저 같은 평범한 사람이 고도의 기술개발 과정에 대해 알게 된다는 건 어떤 의미가 있을까요?

홍 이것을 좀 더 쉽게 풀어서 말하면, 우리가 보통 컴퓨터 게임을 즐기곤 하죠. 잘 만들어진 게임을 즐기는 것도 재미있지만, 게임이 어떻게 만들어졌는지, 그리고 게임 내에서 일어나는 일들이 어떻게 프로그래밍이 되어 작동하는지 배우는 것도 흥미로울 수 있어요. 평범한 사람이 기술개발 과정을 배운다는 것은, 그런 게임이 어떻게 만들어지는지를 배우는 것과 비슷해요. 그 과정을 알게 되면, 기술에 대해 더 깊게 이해할 수 있고, 기술의 가능성과 한계도 알 수 있게 되죠. 이런 지식이 있으면, 기술을 더 잘 사용할 수 있고, 기술이 우리 생활에 미치는 영향도 더 잘 이해할 수 있어요.

예를 들어, 스마트폰 앱이 어떻게 만들어지는지 과정을 알면, 우리는 앱을 사용할 때 더 효율적으로 사용할 수 있고,

또 어떤 앱이 좋은 앱인지 판단할 수 있게 돼요. 그리고 나중에 자기가 무언가를 만들거나, 다른 사람들과 함께 무언가를 만드는 일을 할 때도 그 지식이 큰 도움이 될 수 있어요. 그러니까, 기술개발 과정을 배운다는 건, '기술을 만드는 비법'을 배우는 거예요. 이 비법을 알게 되면, 우리는 기술을 더 잘 이해하고, 또 기술로 할 수 있는 일이 무엇인지 더 넓게 볼 수 있게 됩니다.

편 〈오펜하이머〉라는 영화를 봤는데요. 내용은 차치하고라도 큰 프로젝트에 수많은 과학자를 이끌고 목표를 달성하는 복잡한 과정을 보면서 존경스럽기도 하고, 어떻게 저게 가능할까 신기하기도 했습니다. 엔지니어들을 이끌고 기술을 개발해서 목표를 완수하는 대표님은 최고기술경영자라는 직업을 통해 행복해지셨나요?

홍 그 질문을 듣고, 저는 행복하냐는 질문보다는 최고기술경영자라는 역할에 만족하냐는 질문이 더 적절하다고 느껴집니다. 답변을 시작하기에 앞서, 그렇게 질문을 바꾸도록 하겠습니다. 그렇다면, 저는 매우 만족스럽습니다. 보통 개발 프로젝트에는 많은 사람이 참여합니다. 그 사람들 각각의 능력과 장점을 파악하고, 그들에게 가장 적절한 역할을 부여하는 것은 쉽지 않은 일이죠. 또한, 다양한 사람들이 함께 일하는 과정에서는 갈등도 발생합니다. 그런 갈등을 해소하고, 사람들 간의 관계를 조율하여 팀이 하나로 뭉쳐 목표를 향해 나아가게 하는 것은 매우 중요한 일입니다.

그러나 그런 어려운 과정을 거쳐서 결국 고객들이 원하는 결과물, 또는 그 이상의 결과물을 선보일 때의 그 성취감과 보람은 이루 말할 수 없습니다. 그 순간, 모든 어려움과 고생이 무색해지죠. 그래서 저는 보람을 느끼고 다시 새로운 프로젝트에 도전하게 됩니다. 〈오펜하이머〉 같은 영화에서 본 그 복잡한 과정과 도전, 그리고 그것을 이겨내고 목표를 달성하는 모습이 저의 일과 매우 흡사합니다. 그렇기에, 저는 최고기술경영자라는 직업을 통해 매우 만족스러운 순간들을 많이 경험하고 있습니다.

편 저는 지금까지 많은 직업인을 인터뷰했는데요, 항상 깊이 있게 질문하는 게 있습니다. 대표님께서는 진정한 직업인이란 어떤 사람이라고 생각하시나요?

홍 깊이 있는 질문에 감사드립니다. '진정한 직업인'이라는 말에는 많은 의미가 담겨있다고 생각합니다. 이에 대한 제 생각을 공유해 보고자 합니다.

첫째로, 자신의 업무에 자부심을 가진 사람입니다. 그들은 맡은 업무에 최선을 다해 수행하고, 그 결과에 대해 책임지는 자세를 가지고 있죠. 그 업무가 사회와 타인에게 어떤 영향을 미치는지 항상 고민하며, 그것이 긍정적인 결과를 가져오기를 희망합니다.

둘째로, 자신의 업무를 통해 세상에 긍정적인 영향을 주려는 사람입니다. 그들은 자신의 작업이 단순히 '일'을 넘어서, 더 큰 가치와 의미를 갖도록 노력합니다. 그 결과, 그들의 업무는 타인의 삶을 풍요롭게 만들고, 사회가 발전하는 데 기여하게 됩니다.

셋째로, 타인의 업무를 존중할 줄 아는 사람입니다. 자신이 존중받고 싶어 하듯, 그들은 타인의 노력과 노동을 고이 보듬고 존중합니다. 이러한 태도는 서로를 이해하고 배려하는 데 기초가 되며, 활발한 협력과 팀워크를 촉진합니다.

넷째로, 타인과 협력을 잘하는 사람입니다. 그들은 자신의 역할과 책임을 이해하면서도, 타인과의 협력을 통해 더 큰 목표를 달성하는 방법을 알고 있습니다. 다양한 배경과 역량을 가진 사람들과 함께 일하는 데 능숙하며, 이를 통해 더 큰 성과를 이루어 냅니다.

이런 의미에서, 진정한 직업인은 자신의 업무에 대한 깊은 자부심과 책임감을 느끼고 있으며, 긍정적인 영향력, 상호 존중, 그리고 탁월한 협업 능력을 겸비한 사람이라고 생각합니다.

(편) 대표님, 이미 우리 사회는 기술이 주도하고 있어요. 기술 주도의 사회를 살아가는 청소년들의 앞날에는 어떠한 변화가 일어날까요? 청소년들은 어떤 노력을 해야 하고, 어떤 걸 잊지 말아야 할까요?

(홍) 앞으로 우리 사회는 더욱 고도화된 기술이 주도하는 방향으로 나아갈 것입니다. 이미 지금도 우리는 스마트폰, 인공지능, 가상현실 등 다양한 최신 기술을 일상에서 만나고 있습니다. 그리고 앞으로 더 많은 기술적 혁신이 우리 삶의 많은 부분에 영향을 미칠 것입니다. 그렇기 때문에 청소년들은 이러한 기술 변화에 발맞춰 빠르게 적응하고, 기술을 잘 이용하는 능력을 키우는 것이 중요합니다. 기술을 통해 정보를 획득하고, 효율적으로 문제를 해결하는 방법을 배워야 합니다. 하지만 동시에 기술의 편리함에만 의존하거나, 기술에 과도하게 의존하는 것은 바람직하지 않습니다.

자연과의 교감, 책 읽기, 운동과 같은 육체적 활동은 여전히 중요한 가치를 지닙니다. 이런 활동들은 우리의 마음과 몸

출처: Asier 트위터 https://twitter.com/asiersanznieto

을 건강하게 유지하는 데 큰 도움을 줍니다. 기술의 편리함에
만 몰두하면서 이러한 활동들을 소홀히 해서는 안 됩니다. 또
한, 청소년들은 자기 삶과 기술 사이에서 균형을 잘 유지하는
방법을 배워야 합니다. 기술을 통해 많은 것을 얻을 수 있지만,
그와 동시에 사람들과의 진정한 교류, 자연과의 상호작용, 직
접적인 경험을 통한 학습 등의 중요성도 잊지 말아야 합니다.

결국, 청소년들은 기술 주도의 사회에서 살아가면서 그 기술을 최대한 잘 활용하되, 그것이 전부는 아니라는 것을 항상 기억해야 합니다. 고도화된 기술이 주는 편리함과 혜택을 충분히 누리면서도, 인간다움과 기본적인 가치들을 소홀히 하지 않는 것이 중요합니다. 기술은 결국 도구일 뿐, 우리의 삶의 질과 행복을 결정하는 것은 우리 스스로입니다. 청소년들은 이러한 균형을 찾아가는 과정에서 스스로를 지속해서 발전시켜 나가며, 사회와의 관계에서도 깊은 인간적 가치를 추구하며 살아가야 합니다.

　　마지막으로, 청소년기는 자신을 발견하고 세상과의 관계를 깊게 고민하는 중요한 시기입니다. 기술이 주는 무한한 가능성과 함께, 자신만의 가치와 원칙을 세워 나가는 것이 청소년들이 앞으로의 사회에서 활약하며 행복한 삶을 살아가기 위한 핵심이 될 것입니다.

🔘 **편** 말씀 감사합니다. 기술 성장과 변화를 주도하는 리더, 최고경영기술자 홍영훈 대표님의 세계로 들어가 보겠습니다.

최고기술경영자란

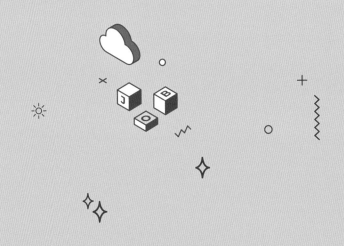

편 기술 경영이란 무엇인가요?

홍 기술 경영에 대해 들어본 적이 없다면, 처음에는 조금 복잡하게 느낄 수 있어요. 하지만 걱정하지 마세요. 제가 쉽게 설명해 드릴게요! 기술 경영이란, 크게 두 가지 단어인 '기술'과 '경영'을 합친 말이에요.

기술Technology: 컴퓨터, 스마트폰, 로봇청소기처럼 우리 일상에서 흔히 보는 기기나, 그 기기들이 동작하기 위한 소프트웨어나 알고리즘 같은 것들을 의미해요.

경영Management: 회사나 조직에서 돈을 어떻게 쓸지, 사람들에게 어떻게 일을 시킬지, 어떤 제품을 만들어 팔지 등을 결정하고 실행하는 일을 의미해요.

이제 이 두 단어를 합쳐서 '기술 경영'이 무엇인지 살펴볼까요? 기술 경영은 기술을 활용하면서 회사나 조직의 목표를 달성하는 방법에 대한 일을 말해요. 예를 들면, 게임 회사에서는 더 재미있는 게임을 만들기 위해 어떤 기술을 사용할지, 그 기술을 어떻게 배울지, 그리고 그 기술로 게임을 만들 때 얼마나 돈을 쓸지 등을 결정하는 일이 기술 경영의 일부예요. 기술 경영은 단순히 기술만 중요한 것이 아니에요. 기술을 어떻게 사용하면 사람들의 삶을 향상할 수 있을지, 회사나 조직에 어떤 이득을 가져다줄지도 함께 고민하는 일이기도 하죠.

요약하자면, 기술 경영은 '기술'을 '경영'하는 것, 즉 기술을 어떻게 활용하고 발전시켜야 할지를 고민하고 실행하는 일을 말해요. 여러분이 좋아하는 게임이나 앱이 나오기까지 뒤에서 이런 기술 경영의 역할이 크게 작용하고 있답니다.

ⓟ 경영과 기술 경영의 차이는 무엇인가요?

ⓗ 경영과 기술 경영, 두 단어가 비슷하게 들리지만 조금 다른 의미가 있어요. 이 두 가지의 차이를 쉽게 설명해 드릴게요.

경영Management: 회사나 조직을 운영하는 전반적인 활동을 말해요. 돈 관리, 사람 관리, 제품이나 서비스의 판매, 광고 활동 등 다양한 일들을 포함하죠. 경영의 주된 목적은 회사나 조직이 잘 돌아가게 하는 것, 즉 이익을 내고 성장하게 하는 것이에요.

기술 경영 Technology Management: 경영의 하나의 분야로, 기술과 관련된 부분에만 초점을 맞춘 활동이에요. 어떤 기술을 회사나 조직에 도입할지, 그 기술을 어떻게 개발하거나 활용할지, 기술을 통해 어떻게 경쟁력을 높일지 등을 고민하고 결정하는 일이에요. 기술 경영의 주된 목적은 최신 기술을 활용하여 회사나 조직의 성장을 도모하고, 기술적인 경쟁력을 갖추는 것이죠. 간단하게 비유하자면, '경영'은 집 전체를 꾸미고 관리하는 것과 같아요. 한편, '기술 경영'은 그 집 안의 최신 기술 가전제품(예: 스마트 TV, 로봇청소기)을 어떻게 사용하고, 어떤 새로운 제품을 사야 할지 결정하는 것과 같아요.

두 분야 모두 중요하고, 많은 회사나 조직에서는 경영과 기술
경영을 함께 고려하면서 발전해 나가고 있답니다.

편 최고기술경영자는 무엇을 하는 자리인가요?

홍 최고기술경영자에 대해 알려드릴게요. 최고기술경영자, CTO는 'Chief Technology Officer'의 약자예요. 이름에서 알 수 있듯이, 회사나 조직에서 기술과 관련된 중요한 결정을 내리는 높은 자리에 있는 사람을 의미해요.

CTO의 주요 업무는 다음과 같아요.

기술개발 전략 수립: 회사의 목표나 방향에 맞게 어떤 기술을 사용하거나 개발할지를 결정해요.

연구 및 개발 관리: 새로운 제품이나 서비스를 만들기 위한 연구와 개발 작업을 지휘하고 관리해요.

기술팀 관리: 기술 관련 부서의 팀원들을 관리하며, 필요한 교육이나 훈련을 제공해서 팀원들의 업무 능력을 향상하도록 도와줘요.

기술혁신: 시장의 변화나 최신 기술 트렌드를 계속해서 파악하고, 회사나 조직이 이를 따라갈 수 있도록 전략을 세워요.

외부 파트너와의 협력: 다른 회사나 기관과 기술 관련 협력을 맺을 때 CTO가 중요한 역할을 해요.

간단하게 설명하자면, CTO는 회사나 조직의 기술 부문의 대장 같은 역할이에요. 여러분이 좋아하는 게임을 만드는 게임 회사에서, 그 게임의 기술적인 부분을 총괄하는 사람이 바로 CTO일 거예요. 그 사람은 게임이 더 재미있고, 더 부드럽게 돌아가도록 만드는 기술을 선택하고, 게임을 만드는 사람들을 지휘하는 업무를 담당하죠. 결국, CTO는 회사나 조직의 기술력을 끌어올리고, 최신 기술 트렌드에 발맞춰 나가도록 도와주는 중요한 자리랍니다.

편 기술관리자와 CTO는 어떤 차이가 있나요?

홍 두 직책 모두 기술과 관련된 업무를 맡지만, 그 역할과 책임 범위에 차이가 있어요.

CTOChief Technology Officer: 회사의 최고 기술 책임자로, 회사나 조직 전체의 기술 전략과 방향을 결정하는 역할을 해요. 기술 연구 및 개발, 신기술 도입, 기술 트렌드 파악, 기술팀의 관리와 리더십을 담당하죠. 일반적으로 회사의 경영진 중 한 명으로, 다른 최고 경영진들과 함께 회사 전략을 수립하는 역할도 합니다.

기술관리자Technology Manager: 특정 부서나 프로젝트의 기술적인 부분을 관리하는 역할을 해요. 그 부서나 프로젝트의 기술적 문제 해결, 팀원들의 지도 및 교육, 해당 부문의 기술 전략을 수립하는 등의 업무를 담당합니다. 기술관리자는 특정 영역에 대한 전문가로, 그 영역의 기술적 업무를 주도적으로 진행하죠.

간단히 비유하자면, CTO가 큰 도시를 건설하는 사람이라면, 기술관리자는 그 도시 안의 특정 건물을 지어가는 사람과 같아요. CTO는 전체적인 비전과 전략을 세우고, 기술관리자는 그 안에서 구체적인 실행을 담당하는 것이죠. 물론, 회사의 크기나 구조에 따라 이런 역할이 조금씩 달라질 수 있어요. 큰 회사에서는 CTO와 기술관리자의 역할이 확실히 구분되지만, 작은 회사에서는 한 사람이 두 역할을 동시에 맡는 경우도 있답니다. 보통 기술관리자 중에서 최고로 높은 사람이 CTO라고 할 수 있습니다.

편　기술관리자와 일반 소프트웨어 개발자의 관계는 어떻게 되나요?

홍　두 직책은 서로 다르지만, 같은 목표를 위해 협력하는 관계에 있습니다.

기술관리자Technology Manager: 특정 부서나 프로젝트의 기술적인 부분을 관리하고 책임진다는 점에서 팀의 리더나 관리자 역할을 하게 됩니다. 프로젝트의 방향성, 일정, 자원 분배 등을 결정하고, 팀원들에게 지시와 지원을 제공해요. 필요한 경우 고객이나 다른 부서와의 의사소통 역할을 하기도 합니다.

소프트웨어 개발자 Software Developer: 주로 코드를 작성하고, 애플리케이션을 개발하는 업무를 맡게 됩니다. 기술관리자의 지시나 방향에 따라 특정 기능이나 모듈을 개발하며, 다른 개발자들과 협력하여 프로젝트를 완성해 나갑니다. 문제가 발생하면 해결 방안을 찾거나, 기술관리자와 상의하여 문제를 해결해 나가기도 합니다.

기술관리자와 소프트웨어 개발자의 관계를 간단한 예로 설명하면, 축구팀의 감독과 선수와 같아요. 기술관리자는 전략을 세우는 감독과 같고, 소프트웨어 개발자는 그 전략에 따라 경기하는 선수와 같습니다. 감독(기술관리자)은 전체적인 전략과 방향성을 제시하고, 선수(소프트웨어 개발자)는 그 방향에 따라 최선을 다해 경기(프로젝트)를 진행하는 거죠. 둘 사이의 원활한 의사소통과 협력이 있어야만 좋은 결과를 얻을 수 있답니다.

⬤편　기술관리자는 소프트웨어 개발을 잘 알아야 하나요?

⬤홍　이 질문은 꽤 흥미로운데요, 기술관리자가 소프트웨어 개발을 잘 알아야 하는지에 대한 답변은 "네. 알아야 합니다!"지만, 그 깊이와 범위는 상황에 따라 다를 수 있어요.

기초적인 이해 필요: 기술관리자는 팀원들의 업무를 지원하고, 문제 상황이나 필요한 리소스를 파악하는 데 있어 기본적인 소프트웨어 개발 지식이 필요해요. 예를 들어, 개발자가 "API 통신에 문제가 있다."라고 말할 때, 기술관리자는 API가 무엇인지, 그것이 중요한 이유는 무엇인지 알아야 하죠.

커뮤니케이션 용이: 소프트웨어 개발 지식이 있으면, 팀원들과의 의사소통이 더 원활해집니다. 기술관리자는 개발자의 언어를 이해하고, 개발자도 기술관리자의 지시나 의견을 더 쉽게 받아들일 수 있어요.

전략과 실행 사이의 연결: 기술관리자가 소프트웨어 개발에 대한 깊은 지식을 가지고 있으면, 전략을 세울 때 현실적인 실행 가능성을 더 잘 판단할 수 있어요.

하지만, 전문가 수준은 아니어도 될 수 있음: 모든 기술관리자가 코드를 작성하는 전문가는 아니에요. 중요한 것은 전반적인 프로젝트의 방향성과 리더십, 팀원들의 업무를 지원하고 협조하는 능력입니다.

간단히 비유하자면, 축구팀의 감독이 모든 포지션에서 선수로서의 능력을 전문적으로 갖추어야 하는 것은 아니죠. 하지만 경기의 흐름, 각 포지션의 역할, 전략 등을 잘 알아야 팀을 잘 이끌 수 있습니다. 마찬가지로 기술관리자도 그 팀의 업무와 관련된 기본 지식과 전략을 잘 알아야 해요.

(편) CTO는 반드시 소프트웨어 개발자와 기술관리자를 거쳐야 하나요?

(홍) 아니요. 반드시 소프트웨어 개발자와 기술관리자를 거쳐야 CTO가 되는 것은 아니에요. 그러나 많은 CTO가 그런 경로를 통해 그 자리에 오르게 됩니다. 제 개인적인 경험을 들어보자면, 저는 소프트웨어 개발자로 시작해서 기술관리자를 거쳐 CTO가 되었어요. 이런 경로를 통해 기술적인 내용뿐만 아니라 팀 관리, 프로젝트 관리 등 다양한 경험을 얻을 수 있었죠. 개발자로서의 경험은 기술적인 문제 해결 능력을 키우는데 도움이 되었고, 기술관리자로서의 경험은 팀과 프로젝트를 어떻게 관리하고 리드하는지에 대한 능력을 키웠습니다. 이런 능력들이 결합하여 CTO로서 회사의 기술 전략을 세우고 실행하는 데 큰 도움이 되었죠.

하지만 CTO가 되는 경로는 다양한데요. 몇몇 CTO는 비즈니스나 다른 분야에서 시작해 기술 분야로 넘어온 경우도 있어요. 중요한 것은 기술에 대한 깊은 이해와 팀을 리드하는 능력, 그리고 회사의 비즈니스 목표와 연결되는 기술 전략을 세울 수 있는 능력이에요. 다른 CTO들은 학교에서 학문적 성취를 이룬 후, 높은 전문성과 연구 능력을 바탕으로 바로 고위 직책에 오르기도 합니다. 예를 들면, 대학이나 대학원에서 전문적인 연구나 프로젝트를 진행하며 깊은 기술적 지식과 노하우를 획득한 뒤, 그 경험을 바탕으로 기업이나 스타트업에서 CTO로 참여하기도 해요. 이런 경우, 그들의 학문적 배경은 종종 회사의 기술적 전략이나 연구개발(R&D) 부분에서 큰 장점으로 작용하죠. 특히 연구 중심의 기업이나 혁신적인 기술이 있어야 하는 스타트업에서는 이러한 배경을 가진 CTO가 큰 역할을 하곤 해요. 그러나 이런 학문적 배경만으로 모든 것이 해결되는 것은 아니에요. 기업 환경에서는 팀 관리, 비즈니스 전략 이해 등 다양한 역량도 요구되기 때문에, 지속적인 학습과 경험 축적이 필요하죠.

결론적으로, CTO가 되려면 특정 직무를 반드시 거쳐야 한다는 규정은 없습니다. 중요한 것은 자기 경험과 지식, 그리고 능력을 어떻게 활용해 회사의 기술 목표를 달성하는지가 중요한 거죠.

편 CTO의 역사에 대해서 알려주세요.

홍 CTO라는 직책은 생각보다 그리 오래된 것은 아니에요. 그래도 중요한 변화와 발전을 겪으며 현재의 모습을 갖추게 되었답니다. CTO의 역사를 알아볼게요.

디지털 시대의 시작: 20세기 후반부터 컴퓨터와 인터넷 기술이 점차 일상에 퍼져나가기 시작했어요. 이런 변화로 기업들도 이 기술을 활용해야 했는데, 그러기 위해서는 이 분야의 전문가가 필요했죠. 이런 상황에서 CTO라는 직책이 생겨나기 시작했습니다.

처음의 CTO: 초기에 CTO는 주로 기업 내의 컴퓨터 시스템을 관리하거나 새로운 기술을 도입하는 역할을 했어요. 그때는 아직 CTO의 역할이 명확하게 정립되지 않았기 때문에 기업마다 조금씩 다른 업무를 하기도 했죠.

21세기와 CTO의 변화: 2000년대에 들어서며 스마트폰, 클라우드 컴퓨팅, 인공지능과 같은 새로운 기술들이 등장하면서 CTO의 역할이 더욱 중요해졌어요. 이제 CTO는 단순히 기술을 관리하는 것을 넘어, 어떻게 이 기술을 활용해 기업을 성장시킬지에 대한 전략도 짜야 했습니다.

다양한 분야의 CTO: 처음에는 IT 기업에서만 볼 수 있던 CTO 직책이지만, 지금은 음식, 패션, 건설 같은 다양한 분야의 기업에서도 CTO를 만날 수 있어요. 이제는 모든 분야에서 기술이 중요하기 때문이죠.

오늘날의 CTO: 현재 CTO는 기업의 기술 전략을 담당하고, 새로운 기술 트렌드를 주시하며, 기업의 기술팀을 끌어나가는 핵심적인 역할을 하고 있어요.

결론적으로, CTO는 기술의 발전과 함께 계속해서 변화하고 발전해 온 직책이에요. 현재는 기업의 중요한 기술 결정을 내리는 핵심 인물로서의 위치를 차지하고 있습니다.

기술혁신을 주도하는
최고기술경영자

편 기술 전략이란 무엇인가요?

홍 기술개발 전략이란, 기업이나 조직이 자신의 목표와 비전을 달성하기 위해 새로운 기술이나 제품을 개발할 때의 계획, 방향, 그리고 순서를 의미해요.

비즈니스 목표와의 연계: 기술개발 전략도 역시 비즈니스 목표와 깊게 연결되어야 해요. 만약 기업이 '고객들에게 더 빠르고 안전한 서비스를 제공하자'라는 목표를 가지고 있다면, 그 목표를 달성할 수 있는 기술개발에 초점을 맞춰야겠죠.

기술 조사와 선택: 어떤 기술을 개발할 것인지 결정하기 위해, 현재 시장에서의 기술 트렌드나 경쟁사의 동향, 그리고 가능한 기술들을 조사하고 분석해야 해요. 이런 조사를 통해 어떤 기술에 투자할지 결정하게 됩니다. 저는 이 단계에서 핵심기술을 선정하죠. 핵심기술이란 회사의 경쟁력을 높이는 데 큰 역할을 하는 기술을 말해요.

개발 리소스 할당: 개발할 기술이 정해지면, 그 기술을 개발하기 위한 자원(인력, 예산, 시간 등)을 어떻게 배분할지 결정해

야 해요.

개발 단계 및 마일스톤 설정: 큰 목표를 작은 단계별로 나누고, 단계마다 성취해야 할 목표(마일스톤)를 설정합니다. 이를 통해 개발 과정을 체계적으로 관리할 수 있죠.

테스트와 피드백: 개발된 기술이나 제품은 테스트를 거쳐야 해요. 사용자의 피드백을 수집하고, 문제점이나 개선할 부분을 찾아내서 다시 개선하는 과정을 반복합니다.

팀과의 협업: 기술개발도 혼자 하는 것이 아니에요. 개발팀, 디자인팀, 테스터 등 다양한 팀원들과 협업하여 최고의 결과물을 만들어 내야 합니다.

위험 관리: 개발 과정에서는 예상치 못한 문제가 생길 수 있어요. 이런 위험 요소를 예측하고 준비하는 것도 중요한 전략 중 하나입니다.

외부 개발자들과 협력 모델 구축: 최근 들어서 중요해진 분야예요. 오픈소스나 Open API를 통해서 외부의 개발자들과 협력 방안을 마련하고 공동의 이익을 증진하는 전략을 수립 집행합니다.

결론적으로, 기술개발 전략은 기업이나 조직이 새로운 기술을 성공적으로 개발하고 시장에 출시하기 위한 체계적인 계획이며, CTO는 이런 전략을 세우고 지휘하는 중심적인 역할을 합니다.

🔲 오픈소스에 대해서 자세히 설명해 주세요.

🔲 오픈소스란 무엇일까요? 컴퓨터 프로그램은 보통 '코드'라는 언어로 만들어져요. 그리고 이 코드를 다른 사람들이 볼 수 있게 공개하는 것을 '오픈소스'라고 합니다. 쉽게 말하면, '공개된 요리 레시피'와 같은 거예요. 누구나 그 레시피를 보고 요리를 해볼 수 있고, 원한다면 자신만의 방식으로 레시피를 바꿔서 새로운 요리를 만들 수 있죠.

그럼, 왜 오픈소스가 중요할까요?

무료로 사용 가능: 오픈소스는 누구나 무료로 사용할 수 있기 때문에, 많은 사람이 이를 이용해서 다양한 프로그램을 만들거나 개선할 수 있습니다.

많은 사람의 협력: 오픈소스는 많은 사람이 함께 만들어 나가기 때문에, 여러 사람의 지식과 아이디어가 모여 더 좋은 프로그램이 탄생할 수 있습니다.

개선과 수정이 쉽다: 누군가가 발견한 문제점을 다른 사람이

수정하거나 개선할 수 있어요. 이런 방식으로 프로그램은 계속 발전하게 됩니다.

자유로운 활용: 오픈소스는 원하는 대로 사용하거나 바꿀 수 있기 때문에, 자신만의 특별한 프로그램을 만들 수 있습니다.

하지만, 오픈소스도 규칙이 있어요. 프로그램을 공개할 때 '라이선스'라는 것을 정하는데, 이것은 '이 프로그램을 어떻게 사용하고 공유할 수 있는지'에 대한 규칙이에요. 그래서 오픈소스를 사용하거나 바꿀 때는 이 라이선스를 잘 지켜야 합니다.

이제, 외부의 개발자들과 소통하는 부분을 설명할게요.

코드 공유: 오픈소스 프로젝트에서는 코드가 인터넷에 공개되어 있어요. 그래서 전 세계의 개발자들이 이 코드를 자유롭게 볼 수 있고, 자기가 필요한 부분을 가져다 쓸 수도 있습니다.

문제 해결: 코드를 사용하다가 문제를 발견하면, 그 문제를 해결한 코드를 다시 인터넷에 올릴 수 있어요. 이렇게 해서 다른 사람들도 그 문제를 쉽게 해결할 수 있게 도와줘요.

새로운 기능 추가: 누군가가 '이 기능이 있으면 좋겠다'라고 생각하면, 직접 코드를 추가해서 그 기능을 만들어 낼 수 있어요.

그리고 그 기능을 다른 사람들과 공유할 수 있겠죠.

커뮤니티: 오픈소스 프로젝트에는 '커뮤니티'라는 것이 있어요. 여기에는 그 프로젝트에 관심 있는 사람들이 모여서 정보를 공유하고, 도움을 주고받아요. 이를 통해 함께 일하는 느낌이 강해져요.

코드 리뷰: 코드를 고치거나 새로운 기능을 추가했을 때, 다른 사람들이 그 코드를 확인해 줘요. 이것을 '코드 리뷰'라고 하는데, 이를 통해서 코드의 질을 더 높일 수 있어요.

요약하자면, 오픈소스는 여러 개발자가 모여서 인터넷상에서 코드를 공유하고, 함께 개선해 나가는 방식이에요. 이렇게 함께 작업하다 보면 새로운 아이디어도 나오고, 많은 사람이 검토한 코드는 더 안정적이고 뛰어난 품질을 가질 수 있어요. 개발자들은 오픈소스를 통해서 얼굴 한번 본 적 없는 다른 나라의 개발자들과 협업해요. 멋진 일이죠?

㉠ Open API에 대해서도 자세히 설명해 주세요.

㉡ Open API는 Open Application Programming Interface의 줄임말이에요. '오픈'이라는 말은 열려 있다는 뜻이죠. 'API'는 애플리케이션 프로그래밍 인터페이스라는 뜻

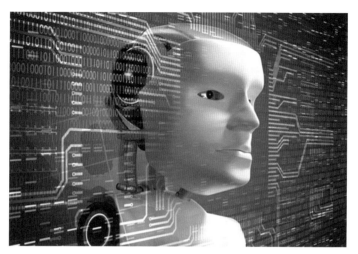

출처: dreamstime

인데, 간단하게 말해 컴퓨터 프로그램이나 시스템들이 서로
소통하고 정보를 주고받기 위한 규칙이나 도구 세트를 말해
요. 예를 들어, 날씨 정보를 제공하는 회사 A가 있어요. A 회
사는 자신들이 가진 날씨 정보를 다른 사람이나 회사와 공유
하고 싶어요. 그래서 A 회사는 날씨 정보를 주고받을 수 있는
Open API를 만들어서 공개해요. 그럼 다른 개발자들이 이
API를 이용해서 A 회사의 날씨 정보를 가져다가 자신의 앱이
나 웹사이트에 보여줄 수 있어요.

Open API를 통한 협력

정보 공유: Open API를 통해, 한 회사나 개인이 가진 정보나 서비스를 다른 사람들과 쉽게 공유할 수 있어요. 이렇게 되면, 다양한 정보와 서비스를 더 많은 사람이 사용할 수 있게 되죠.

새로운 서비스 개발: 외부의 개발자들은 Open API를 사용해서 새로운 서비스나 앱을 만들 수 있어요. 이런 식으로 기존의 서비스를 확장하거나 다양한 방법으로 이용할 수 있게 되죠.

협업과 혁신: Open API를 공유하면, 다른 개발자들과 함께 더 좋은 서비스를 만들기 위해 아이디어를 공유하고 협업할 수 있어요. 그래서 더 좋고 효율적인 서비스를 만들어 낼 수 있죠.

피드백과 개선: 외부 개발자들이 Open API를 사용하면서 오류나 개선할 점을 발견하면, 그 피드백을 주고받을 수 있어요. 이 정보를 바탕으로 API를 더 개선하고, 서비스의 질을 높일 수 있죠. 즉, Open API는 서로 다른 시스템이나 앱들이 정보를 주고받을 수 있게 도와주는 열쇠 같은 거예요. 이 열쇠를 이용해서 많은 개발자가 서로 협력하고, 좋은 서비스와 앱을 만들어 내는 데 도움을 줘요.

여러분들이 사용하는 버스 앱도 정부가 Open API를 통해서 버스 운행 정보를 제공하면, 버스 앱에서 언제 즈음 버스가 도착할지 알려주는 거예요.

편 핵심기술이 왜 필요한가요?

홍 핵심기술이란 기업이나 조직의 경쟁력을 뒷받침하는 중요한 기술을 의미해요. 핵심기술이 왜 필요한지와 어떻게 활용하는지 알아보도록 할게요.

경쟁력 확보: 핵심기술은 기업이 경쟁사들과 차별화될 수 있는 요소로 작용해요. 이런 기술이 있으면 비슷한 제품이나 서비스를 제공하는 다른 기업들과 구별되게 됩니다.

시장 리더십: 핵심기술을 보유하고 이를 잘 활용한다면 해당 분야에서의 리더십을 확보할 수 있어요. 다른 기업들이 따라오기 힘들 정도로 기술적으로 앞서게 되죠.

투자 유치: 기업이 핵심기술을 가지고 있다면 투자자들도 그 기업을 믿고 투자할 확률이 높아져요.

지속 가능한 성장: 핵심기술은 기업의 지속 가능한 성장을 지원합니다. 단기적인 성과를 위한 것이 아니라, 장기적으로 계속 성장할 수 있게 도와주는 기반이죠.

편　핵심기술은 어떻게 활용하나요?

홍　여러 측면에서 설명해 드릴게요.

제품 혁신: 핵심기술을 기반으로 새로운 제품이나 서비스를 개발하여 시장에 선보일 수 있습니다.

프로세스 개선: 핵심기술은 생산 과정이나 서비스 제공 방식을 효율적으로 만드는 데도 활용될 수 있어요. 이를 통해 더 많은 양의 제품을 더 빠르게 생산하거나, 더 좋은 품질의 서비스를 제공할 수 있습니다.

파트너십 및 협력: 핵심기술을 보유하면 다른 기업들과의 협력이나 파트너십을 맺는 데 있어 유리한 위치에 있게 됩니다. 기업 간의 기술 교환이나 협업 프로젝트에서 중요한 역할을 하게 되죠.

기술 라이선싱: 핵심기술을 다른 기업에 라이선스 형태로 제공하여 이익을 얻을 수도 있어요. 이렇게 되면 그 기술을 사용하여 제품을 만드는 다른 기업들로부터 사용료를 받을 수 있게 됩니다.

브랜드 가치 상승: 핵심기술은 기업의 브랜드 가치를 높여줍니다. 소비자들은 그 기업의 제품이나 서비스에 대해 더 높은 신뢰를 갖게 되죠.

결론적으로, 핵심기술은 기업이나 조직의 중요한 자산이며, 그 가치를 최대한 활용하기 위해 다양한 방법으로 사용됩니다.

편 기술 라이선싱에 대해서 자세히 설명해 주세요.

홍 기술 라이선싱은 한 사람이나 회사가 개발한 특정 기술을 다른 사람이나 회사에 사용할 수 있게 허락해 주는 것을 말해요. 예를 들어, A 회사가 멋진 로봇을 만드는 기술을 개발했어요. B 회사는 그 기술이 정말 대단하다고 생각해서, A 회사의 로봇 만드는 기술로 자신들만의 로봇을 만들고 싶어졌어요. 그래서 B 회사는 A 회사에 그 기술을 사용해도 되는지 물어보고, A 회사는 허락을 해줘요. 물론, 대가를 지불하면서요.

그럼, 기술 라이선싱을 통해 무슨 일이 일어나죠?

기술 공유: A 회사의 멋진 기술이 B 회사에도 전달되어 B 회사도 그 기술을 사용해서 무언가를 만들 수 있게 돼요.

돈 버는 기회: A 회사는 자신들이 개발한 기술을 라이선싱을 통해 다른 회사에 제공함으로써 돈을 벌 수 있어요.

협력: 두 회사는 기술을 공유하면서 서로 협력하게 되고, 때로는 함께 더 좋은 제품이나 서비스를 만들기도 해요.

기술 발전: B 회사가 A 회사의 기술을 사용하면서 더 발전시키거나 개선할 수도 있어요. 그리고 그렇게 발전된 기술은 다시 A 회사에 도움이 될 수 있죠.

다양한 제품과 서비스: 기술 라이선싱 덕분에 소비자들은 같은 기술을 기반으로 하지만, 다양한 회사의 특색이 담긴 제품이나 서비스를 사용할 수 있게 돼요. 기술 라이선싱은 이렇게 기술을 공유하고, 협력하며, 상업적 이익을 추구하는 방법이에요. 그래서 많은 회사가 자신들의 기술을 라이선싱 해서 많은 사람과 공유하고, 더 넓은 시장에서 그 기술을 활용하고 있어요.

편 기술개발 전략이나 핵심기술 선정으로 성공한 사례를 알려주세요.

홍 아프리카TV는 기술개발 전략과 핵심기술 선정을 통해 큰 성공을 거둔 대표적인 사례 중 하나예요. 아프리카TV는 개인방송 서비스를 제공하는 플랫폼으로, 다양한 크리에이터들이 생방송을 통해 자신의 콘텐츠를 송출하고, 시청자들과 직접 소통하는 서비스를 제공하죠. 이런 서비스를 성공적으로 제공하기 위해서는 몇 가지 핵심기술이 필요해요.

먼저, 데이터 전송 기술에서는 아프리카TV가 '하이브리드 P2P 기술'을 도입했는데요, 이 기술은 여러 사용자 간에 데이터를 공유하면서 동영상 스트리밍을 제공합니다. 전통적인 중앙 서버 방식에 비해 이 방식은 훨씬 더 많은 사용자에게 동영상을 효율적으로 전송할 수 있게 해줘요. 그 결과, 아프리카TV는 초기 서비스 제공 비용을 크게 줄일 수 있었죠. 이는 서비스 초창기에 빠르게 손익분기점을 돌파하는 데 중요한 역할을 했어요. 그리고, 동영상 인코딩과 디스플레이 기술도 중요했습니다. 다양한 환경에서(예: 다양한 디바이스, 인터넷 속도

등) 방송을 시청할 수 있도록, 동영상을 효율적으로 압축하고, 최적화된 화질로 디스플레이 할 수 있게 하는 기술이었죠.

아프리카TV는 이런 핵심기술들을 성공적으로 선정하고 개발하여, 그 결과 개인 방송 서비스의 선두 주자로 자리매김 할 수 있었습니다. 기술개발 전략을 통해 서비스의 품질과 안 정성을 높였고, 이를 통해 많은 사용자의 선호와 신뢰를 얻게 되었죠.

편 좋은 CTO가 되려면 어떤 능력이 필요한가요?

홍 CTO의 역할은 단순히 개발 능력에만 국한되지 않습니다. 좋은 CTO가 되기 위해 필요한 덕목과 능력은 다양하며, 개발 능력은 그중 하나에 불과해요. CTO가 가져야 할 주요 덕목과 능력은 다음과 같습니다.

비전 및 전략적 사고: CTO는 회사의 기술 비전을 설정하고, 이를 바탕으로 전략적으로 사고하고 실행해야 해요. 이는 현재의 기술 트렌드와 미래의 기술 발전 방향을 파악하고, 이를 회사의 전략에 통합하는 능력을 포함합니다.

리더십: CTO는 기술팀을 이끌며, 팀원들을 동기부여하고 지원해야 합니다. 팀 내에서 문화를 구축하고, 이를 유지하며, 팀원들의 성장을 촉진하는 능력이 필요하죠.

의사소통: CTO는 기술적인 내용을 비기술적인 관계자나 팀에게 명확하게 전달할 수 있어야 해요. 이는 CEO, 다른 임원진, 투자자, 고객 등 다양한 이해관계자와의 소통 능력을 포함합니다.

문제 해결 능력: CTO는 기술적인 문제뿐만 아니라 조직적, 전략적 문제에 대한 해결책을 찾아내는 능력이 필요합니다.

기술적 역량: 기술의 최전선에서 일어나는 변화와 트렌드를 이해하고, 새로운 기술을 통합하는 능력이 필요해요. 이는 깊은 기술적 지식과 경험을 바탕으로 합니다.

결정력: 기술과 관련된 중요한 결정을 빠르게 하되, 신중하게 내릴 수 있어야 해요. 때로는 불확실한 상황에서도 최선의 결정을 내려야 하는 경우가 많습니다.

변화에 대한 적응력: 기술 분야는 빠르게 변화하므로, CTO는 새로운 기술과 트렌드에 유연하게 대응할 수 있어야 합니다.

윤리적 판단력: CTO는 기술의 윤리적인 측면을 항상 고려해야 해요. 특히 현대의 디지털 시대에는 데이터 보안, 개인정보 보호 등의 문제가 중요한 이슈가 되고 있습니다.

네트워킹 능력: CTO는 다양한 이해관계자와 연결되어 있어야 합니다. 이는 파트너십 구축, 투자 유치, 기술 협력 등의 기회를 창출하는 데 중요한 역할을 하죠. 요즘은 외부 개발자들과 협력 모델을 만드는 것이 매우 중요해졌어요.

팀워크: CTO는 다양한 부서와 협업하여 기술을 비즈니스 목표에 통합해야 하므로, 팀원들과 원활하게 협업하는 능력이 필요합니다.

이러한 능력과 덕목은 CTO의 경험, 교육, 그리고 개인적 특성에 따라 다르게 표현될 수 있습니다. 따라서 CTO가 되기 위해서는 지속적인 학습과 경험 축적, 그리고 리더십 개발에 투자하는 것이 중요하죠. 여기서 개발 능력을 특별히 물어봤으니 좀 더 설명하면, 기술적 역량은 직접적인 개발 능력보다는 조직의 전반적인 목표와 전략에 부합하는 기술 전략을 개발하고 실행하기 위한 기술 기획력이 더 필요해요.

편 기술 기획이란 무엇인가요?

홍 기술 기획Technology Planning은 조직의 전반적인 목표와 전략에 부합하는 기술 전략을 개발하고 실행하기 위한 과정이에요. 기술 기획은 기술의 발전 및 도입, 활용, 그리고 조직 내 기술의 통합을 위한 로드맵을 제시하는 활동을 포함합니다.

기술 기획의 주요 내용과 활동은 다음과 같습니다.

기술 트렌드 파악: 시장에서의 새로운 기술 트렌드, 혁신, 그리고 기술 변화를 파악하고 분석합니다.

기술 평가: 현재 조직 내에서 사용되고 있는 기술의 성능, 효율성, 그리고 적합성을 평가합니다.

기술 전략 설정: 조직의 비즈니스 전략 및 목표에 부합하는 기술 전략을 개발합니다. 이는 특정 기술의 도입, 개발, 그리고 투자에 관한 결정을 포함할 수 있어요.

로드맵 개발: 향후 목표를 달성하기 위한 기술 로드맵을 개발합니다. 로드맵은 어떤 기술을 언제 도입하거나 개발할 것인

지, 그리고 어떤 리소스나 투자가 필요한지를 포함한 계획을 담고 있어요.

자원 할당: 기술 투자와 관련된 비용, 인력, 시간 등의 자원을 계획하고 할당합니다.

기술 기획 실행 및 모니터링: 기획된 로드맵과 전략에 따라 기술을 도입하거나 개발하며, 그 진행 상황을 지속해서 모니터링하고 평가합니다.

기술 기획은 앞서 말씀드린 기술개발 전략의 수립과 집행에 필요하며, 기술의 빠른 변화와 혁신이 지속되는 현대 비즈니스 환경에서 중요한 역할을 합니다. 조직이 시장에서 경쟁력을 유지하고 성장하려면, 전략적인 기술 기획이 필수적이며, 이를 통해 조직은 기술 트렌드와 변화에 민첩하게 대응할 수 있어요.

기술혁신을 주도하는
최고기술경영자

편 외부 개발자와 협력할 일이 많은가요? 어떤 것이 있나요?

홍 외부 개발자의 협력을 이끌어야 하는 경우는 크게 세 가지로 나눌 수 있어요. 첫 번째는 아웃소싱이라고 불리는 행위예요. 아웃소싱은 조직의 자원, 시간, 또는 특정 기술 전문성 부족으로 인해 외부의 전문가나 팀에 특정 작업이나 프로젝트를 위탁하는 것을 의미하죠. CTO는 이러한 협력 과정에서 여러 중요한 역할을 수행합니다.

전략적 결정: CTO는 아웃소싱이 필요한지, 그리고 어떤 작업을 외부에 위탁할 것인지를 결정해요. 이는 조직의 비즈니스 전략, 예산, 시간, 그리고 기술적 요구사항을 종합적으로 고려하여 결정됩니다.

파트너 선택: CTO는 외부 파트너나 아웃소싱 회사를 선택하는 데 관여해요. 이때, 해당 파트너의 기술적 능력, 경험, 비용 효율성, 그리고 신뢰도를 평가하게 됩니다.

커뮤니케이션 및 협력: CTO는 외부 개발자들과의 커뮤니케이션 채널을 구축하고 유지 관리합니다. 그들과의 정기적인 미팅, 피드백 세션, 그리고 업데이트를 주관하여 프로젝트의 원활한 진행을 보장하죠.

프로젝트 관리: CTO는 외부 팀과의 협력에서 프로젝트의 일정, 예산, 그리고 품질 관리를 감독합니다. 이는 프로젝트의 목표와 기대치가 충족되는지 확인하는 것을 포함해요.

기술적 통합: 외부에서 개발된 솔루션이나 기능을 내부 시스템과 통합하는 작업에서 CTO는 통합 전략을 수립하고 문제점이나 잠재적인 위험을 관리합니다.

계약 및 법적 사항: CTO는 외부 개발자들과의 계약 조건, 지식재산권, 기밀성 및 데이터 보호와 같은 법적 사항을 관리하거나 이에 관여할 수 있습니다.

문제 해결: 프로젝트 중 발생할 수 있는 다양한 문제나 오해를 해결하기 위해 CTO는 중재자 역할을 수행하며, 필요한 경우 전략을 조정하거나 새로운 방향성을 제시합니다.

요약하면, CTO는 아웃소싱에서 중심적인 역할을 수행하며, 전략적 결정부터 프로젝트 관리, 기술적 통합, 그리고 문제 해결에 이르기까지 전반적인 과정을 지휘하고 감독합니다.

두 번째는 Open API와 오픈소스를 바탕으로 하는 오픈 이노베이션이 있어요. Open API와 오픈소스는 현대의 소프트웨어 개발 환경에서 기업이 외부 개발자들과 협력하며 혁신을 추진하는 주요 도구 중 하나죠. 이러한 협력의 전략을 수립할 때 고려해야 할 주요 사항은 다음과 같습니다.

목표 및 비전 정의: 왜 Open API나 오픈소스를 사용하는지, 어떤 가치를 창출하려는지 명확하게 정의해야 해요. 예를 들면, 비즈니스 확장, 커뮤니티 구축, 혁신 촉진 등이 있습니다.

타깃 커뮤니티 이해: 오픈소스 프로젝트나 Open API의 성공은 대상 커뮤니티와의 관계에서 크게 의존합니다. 어떤 개발자들을 대상으로 하고, 그들의 필요와 기대를 어떻게 만족시킬 것인지 계획해야 해요.

리소스 및 지원: 외부 개발자들에게 지원을 제공할 계획을 세워야 합니다. 이는 문서화, 튜토리얼, 커뮤니티 포럼, 기술 지원 등을 포함할 수 있어요.

통합 및 표준화: 다양한 외부 개발자와의 협력을 위해서는 표준화된 API 설계와 프로젝트 구조가 필요해요. 이를 통해 통합과 협력이 용이해집니다.

라이선스 및 법적 고려 사항: 오픈소스 코드의 경우, 적절한 오픈소스 라이선스를 선택해야 해요. 또한, API 사용에 관한 계약, 데이터 사용 및 보안 등 법적 문제도 고려해야 합니다.

품질 및 보안 관리: 외부 개발자들과의 협력에서 발생할 수 있는 품질과 보안 문제를 예측하고 대비하는 방안을 마련해야 합니다.

피드백 및 개선: 외부 개발자 커뮤니티로부터의 피드백은 귀중한 자산입니다. 피드백을 수집하고, 이를 통해 프로젝트나 API를 지속해서 개선하는 메커니즘을 구축해야 해요.

커뮤니티 구축 및 유지: 오픈소스 프로젝트의 경우, 활발한 커뮤니티는 프로젝트의 성장과 지속성이 핵심적이에요. 커뮤니티의 활성화와 관리 전략을 세워야 합니다.

이러한 전략 수립은 기업의 비즈니스 목표, 기술 환경, 그리고 대상 커뮤니티의 특성에 따라 다르게 적용될 수 있어요. 따라서, 각 조직의 특정 상황과 목표에 따라 유연하게 전략을 수정 및 적용하는 것이 중요합니다.

　　세 번째는 개발자 에반젤리즘Developer Evangelism이 있어요. 개발자 에반젤리즘은 기업, 기술, 또는 플랫폼에 대한 인식과 관심을 높이기 위해 개발자와 기술 커뮤니티 대상으로 다양한 활동을 펼치는 것을 말해요. '에반젤리즘'이라는 용어는 원래 '전도'나 '선교'와 같은 의미가 있습니다. 기술 분야에서는 이런 의미를 빌려 특정 기술이나 플랫폼을 홍보하고 지지를 얻기 위한 활동을 지칭해요.

개발자 에반젤리즘의 주요 활동 및 특징은 다음과 같습니다.

기술 교육과 지식 전파: 워크숍, 튜토리얼, 세미나, 웹 캐스트 등을 통해 개발자들에게 새로운 기술이나 사용법을 교육합니다.

커뮤니티 구축 및 참여: 기존의 개발자 커뮤니티에 참여하거나 새로운 커뮤니티를 구축하여 정보 교환, 지식 공유, 네트워킹을 촉진합니다.

피드백 수집: 개발자들로부터 제품 또는 기술에 대한 피드백을 수집하여 기업의 제품 개발팀에 전달하며, 개선점을 찾습니다.

오픈소스 참여: 오픈소스 프로젝트에 참여하거나 기업의 오픈소스 프로젝트를 촉진하여, 외부 개발자와의 협업을 강화합니다.

온라인 및 오프라인 활동: 블로그 포스팅, 소셜 미디어 활동, 기술 콘퍼런스 발표 등을 통해 기업이나 기술의 가치를 전파합니다.

SDK 및 API 지원: 개발자들이 제품이나 플랫폼의 API나

SDK Software Development Kit, 프로그램을 위해 애플리케이션을 만들 때 도움을 주는 도구들의 패

키지를 효과적으로 활용할 수 있도록 지원 및 문서화를 제공합니다.

개발자 에반젤리즘은 기업과 개발자 커뮤니티 사이의 다리 역할을 해요. 개발자 에반젤리스트는 종종 기술적 배경을 갖추고 있어, 개발자들 관점에서의 문제나 필요를 이해하고, 이를 기업에 전달하는 데 중요한 역할을 하죠. 또한, 성공적인 개발자 에반젤리즘은 단순한 제품 홍보를 넘어서, 실제로 개발자들의 문제를 해결하거나 그들의 작업을 돕는 가치를 제공해야 합니다.

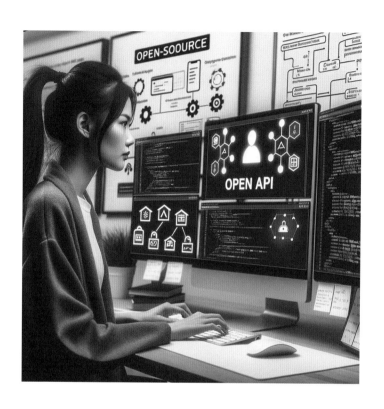

최고기술경영자의
세계

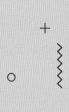

편 개발이 가능한 기술인지 아닌지 어떻게 판단하나요?

홍 개발이 가능한 기술인지 아닌지 판단하는 것은 정말 중요한 단계예요. 특히 새로운 아이디어나 기술이 떠올랐을 때, '이게 정말로 실현이 가능한 것인가?'라는 의문을 가지는 것은 자연스러운 것이죠.

자료 조사: 처음에는 관련 자료들을 찾아봐요. 비슷한 아이디어나 기술에 대해 이미 연구된 내용이나 기존의 제품이 있는지, 또는 해당 기술의 원리나 구현에 관한 정보를 찾습니다.

시범제품(프로토타입) 만들기: 그다음 단계는 실제로 작은 규모의 시범제품을 만들어 보는 것입니다. 이렇게 해서 아이디어나 기술이 실제로 동작하는지, 예상했던 대로 결과를 내는지 확인해 볼 수 있어요.

시간 관리: 이때 중요한 건 시간이에요. 너무 많은 시간을 들여서 완벽한 제품을 만들려고 하기보다는, 빠르게 기본적인 기능만을 가진 제품을 만들어 보는 것이 좋습니다. 왜냐하면, 빨리 기본적인 제품을 만들어서 테스트해 보면, 그 기술이 구현

가능한지 아닌지를 빠르게 알 수 있기 때문이죠. 이렇게 하면 불필요한 비용과 시간을 줄일 수 있습니다.

피드백: 시범제품을 테스트하고 나면, 그 결과를 바탕으로 개선점이나 문제점을 찾아서 다시 개발해 보는 과정을 반복합니다.

결론적으로, 새로운 기술이나 아이디어의 가능성을 판단하려면, 실제로 시범제품을 만들어 보는 것이 제일 좋아요. 그리고 그 과정에서 시간을 효율적으로 관리하는 것이 중요하다는 것을 잊지 마세요.

편　최고기술경영자가 되길 잘했다고 느끼는 순간은 언제예요?

홍　제가 CTO로서 선택을 잘했다고 느끼는 순간은 바로 아프리카TV 같은 서비스나 제품을 세상에 선보일 때예요. 그런 제품이나 서비스가 사람들에게 새로운 경험, 편의, 또는 즐거움을 주게 되면, 그 순간은 정말로 설명하기 어려울 정도로 감동적이죠. 예를 들어, 아프리카TV 같은 서비스를 출시하고 나서 사람들이 그 서비스를 통해 즐거움을 느끼거나 일상에서 편리함을 경험할 때, 그 순간의 성취감과 만족감은 아무것도 대체할 수 없어요. 물론 영업이나 마케팅도 중요하고 그 자체로도 큰 즐거움이 있을 수 있죠. 하지만 새로운 것을 창조하는 것, 그리고 그 창조된 것이 실제로 사람들의 삶에 변화를 가져다주는 것은 소프트웨어 엔지니어들만의 특별한 임무라고 생각해요. 그리고 CTO는 그 창조의 전 과정을 설계하고, 지휘하며, 실현하는 중심적인 역할을 담당해요. 그래서, 새로운 기술이나 서비스를 통해 사람들의 삶에 좋은 변화를 가져다주는 순간, 그때마다 제가 CTO가 되길 잘했다고 느끼곤 해요.

편　훌륭한 최고기술경영자가 되기 위해 특별히 노력하는 게
있나요?

홍　CTO로서 훌륭하게 자리를 지키기 위해 특별히 노력한다
면, 그건 바로 균형을 잡는 노력이에요. CTO는 여러 가지 요
소들 사이에서 중심을 잡아야 합니다. 먼저, 너무 도전적이거
나 안정적이어서는 안 돼요. 도전적인 것은 새로운 기술이나
아이디어를 가져오는 데 도움이 되지만, 안정적인 것은 기존
의 기술이나 시스템을 유지하면서 안정적으로 운영하는 데 중
요하죠.

　　또한, 업무 중심적으로만 생각하거나 너무 인정적으로만
접근하는 것도 문제가 될 수 있어요. 업무 중심적으로만 생각
한다면 팀원들과의 관계가 약해질 수 있고, 너무 인정적으로
만 접근한다면 효율성이 떨어질 수 있어요. 새로운 기술에만
집중하거나 기존의 기술에만 안주하는 것도 균형의 문제입니
다. 새로운 기술은 회사에 혁신을 가져올 수 있지만, 기존의 기
술은 회사의 안정적인 운영을 도와주죠.

그래서 저는 회사가 변화하는 세상에서 계속해서 경쟁력을 유지하려면 사람, 기술, 시스템 모든 부분에서 균형 있는 준비와 노력을 해야 한다고 생각해요. 그렇게 다양한 분야에서 균형을 잡는 노력을 지속해서 하고 있고요. 이런 균형을 통해 회사가 변화에 유연하게 대응하고 지속해서 성장할 수 있도록 지원하는 것, 그게 제가 하는 특별한 노력이라고 할 수 있겠네요.

편 외국과 우리나라 CTO의 차이가 있나요?

홍 네. 다른 나라, 특히 미국과 한국의 CTO 사이에는 몇 가지 차이점이 있어요.

기업문화와 상하관계: 한국의 기업문화는 상하관계가 뚜렷하게 나타나기 때문에 CTO도 이러한 문화 안에서 의사결정과 팀 관리를 해야 해요. 미국과 같은 서양 국가에서는 상하관계보다는 수평적인 구조가 많이 보여, CTO의 역할도 조금 다를 수 있습니다.

네트워크와 협력: 미국의 기업들은 오픈소스 활동이나 다른 회사와의 협력, 기술 커뮤니티에 대한 참여가 활발해서, 미국의 CTO들은 네트워킹이 매우 중요한 역할을 합니다. 반면, 한국에서는 이런 외부 네트워크와의 연계가 상대적으로 약한 편이에요.

기술 리더십: 한국의 CTO 중에는 직접 기술을 개발하거나 리딩해 본 경험이 부족한 경우도 있습니다. 이는 한국의 기업 구조나 역사, 교육 시스템의 차이에서 기인한 것일 수 있어요.

하지만, 최근에는 한국의 CTO들도 전 세계적으로 글로벌 리더로서 자리 잡아나가고 있어요. 급변하는 기술 환경 속에서, 한국의 CTO들도 다양한 기술 트렌드와 국제적 네트워크에 능숙해져야 하는 중요한 시점이에요. 이런 변화의 흐름 속에서 한국의 CTO들은 꾸준히 노력하며, 그 능력과 리더십을 발휘하고 있죠.

편 최고기술경영자의 일과가 궁금해요.

홍 CTO로서의 기본적인 일과와 업무에 대해 알려드릴게요.

01 **팀과의 소통**: CTO는 기술팀과의 소통이 중요해요. 팀원들의 업무 상황, 기술적인 문제점, 그리고 진행 중인 프로젝트의 상태를 확인하며 필요한 지원이나 의사결정을 합니다.

02 **기술 전략 수립**: CTO는 회사의 비즈니스 전략과 연계하여 기술 전략을 수립합니다. 이를 위해 시장 동향, 경쟁사의 움직임, 그리고 새로운 기술의 동향을 파악하는 것이 중요하죠.

03 **리서치 및 학습**: 기술의 발전은 매우 빠르기 때문에, CTO는 항상 새로운 기술 동향과 연구를 지속해서 파악하며 학습해야 합니다.

04 **프로젝트 관리**: 진행 중인 프로젝트의 진행 상황을 모니터링하고, 필요한 리소스나 지원이 있으면 조정하거나 추가합니다.

05 **외부 소통**: CTO는 외부 파트너사나 다른 기술 리더들과의 네트워킹을 유지합니다. 이는 기술 협력, 파트너십 혹은 지

식 교류를 위한 것이죠.

06 **예산 관리**: 기술팀의 운영을 위한 예산을 계획하고, 그 예산 내에서 최적의 결과를 얻을 수 있도록 관리합니다.

07 **채용 및 멘토링**: 적절한 인재를 찾아 팀을 강화하고, 기존 팀원들의 성장을 지원하기 위해 멘토링을 진행합니다.

08 **기술 리뷰**: 팀에서 개발한 코드나 시스템을 리뷰하며, 최적화나 개선의 방향을 제시합니다.

물론, 위의 업무들은 CTO의 주요 업무 중 일부에 불과해요. 회사의 규모나 산업, 그리고 팀의 구성에 따라 CTO의 업무는 조금씩 달라질 수 있어요. 그렇지만, 기본적으로는 기술팀을 이끌고, 회사의 기술 전략을 수립하며, 그 전략을 실행에 옮기는 일을 중심으로 활동하게 됩니다.

편 존경하는 인물이 있나요?

홍 네. 정말 존경하는 인물이 있습니다. 바로 마이크로소프트의 빌 게이츠예요. 물론 스티브 잡스 같은 기술 천재들도 존경스럽지만, 제가 빌 게이츠를 특히 존경하는 이유는 그의 비즈니스 방식과 접근법 때문이에요. 빌 게이츠는 개인용 컴퓨터 시장에서 처음으로 플랫폼 비즈니스 방법론을 제시했어요. 이 방법론은 운영 체제와 하드웨어, 소프트웨어 간의 연결을 통해 다양한 제품과 서비스를 사용자에게 제공하는 새로운 패러다임을 만들어 냈죠. 그의 비즈니스 철학은 단순히 제품을 만드는 것이 아니라, 그 주변의 생태계를 구축하고, 그 생태계를 통해 지속적인 가치를 창출하는 것에 있어요. 스티브 잡스는 혁신적인 제품을 만드는 데에 있어서는 뛰어난 인물이었지만, 빌 게이츠는 비즈니스 전략과 시장의 흐름을 읽는 능력에서 참으로 뛰어난 사람이라고 생각해요. 그래서 제 개인적으로는 진정한 비즈니스 천재는 빌 게이츠라고 봅니다.

빌 게이츠 전 마이크로소프트 회장

기술혁신을 주도하는
최고기술경영자

편　가장 행복할 때는 언제예요?

홍　제게 있어서 CTO로서의 행복은 다양한 순간 중에서도 특히 하나의 프로젝트나 서비스를 오랜 기간 준비하고 연구, 개발한 뒤에 그것이 세상에 공개될 때 느끼는 순간이에요. 그런데 그것만으로는 충분하지 않아요. 중요한 것은 그 서비스가 사용자들에게 어떻게 받아들여지는지, 어떤 반응을 보이는지에 달려있어요. 서비스를 출시한 직후, 사용자들로부터의 피드백을 기다리는 그 순간은 정말 긴장되고 설레는 순간이었죠. 그리고 이 서비스가 사람들에게 도움이 되고 있음을 느낄 때, 그들로부터 긍정적인 피드백과 호평을 받을 때, 그 순간의 감정은 정말로 설명하기 어려워요. 그것은 마치 긴 여정을 끝마친 뒤의 성취감과 함께, 무엇보다 제가 팀과 함께 만든 결과물이 사람들의 삶에 긍정적인 영향을 미치고 있다는 사실에 대한 확신을 느끼는 순간입니다.

　　그러한 순간들은 CTO로서 책임감과 부담감, 그리고 그만큼의 어려움과 스트레스를 감수하는 이유를 다시 한번 상기시켜 주죠. 그리고 그것이 바로 저를 계속해서 이 직책에 머

물게 하는 원동력 중 하나입니다. 여러분도 언젠가 자신의 열정과 노력이 담긴 결과물을 세상에 선보이게 될 때, 그 순간의 감정과 느낌을 꼭 기억하시길 바랍니다. 그것은 직업에 대한 큰 보람과 행복을 느끼게 해줄 거예요.

편 이 일을 그만두고 싶다고 느낀 적이 있나요?

홍 물론, CTO로서 역할은 매력적이고 보람찬 일이지만, 동시에 큰 책임과 부담을 동반해요. 그만두고 싶다는 생각은 해본 적 없습니다. 그러나 솔직하게 말하자면, 괴로웠던 순간들은 정말 많았죠. 특히 서비스에 큰 장애가 발생했을 때, 예상보다 개발 프로젝트가 복잡해져 예정된 시간 안에 완료하기 어려워졌을 때, 그리고 가장 힘들었던 것은, 팀원들과 함께 노력을 들여 만든 서비스가 출시된 후 사용자들로부터 외면받는 상황을 마주했을 때였어요. 이런 순간들은 정말로 가슴이 아프고, 무엇보다 내가 하는 일의 의미에 대해 다시 한번 깊이 생각하게 되죠. 하지만 어쩌겠습니까? 그게 우리 직종의 숙명인걸요.

(편) 직업병이 있을 것 같아요.

(홍) 아, 그렇죠. 사실 많은 직업이 특정한 직업병의 위험을 내포하고 있어요. CTO나 개발자로 일하는 사람들도 예외는 아닙니다. 개발자나 CTO는 대부분 시간을 컴퓨터 앞에서 보내게 되죠. 이에 따라 가장 흔하게 겪는 직업병은 자세 관련 문제나 눈의 피로입니다. 특히 목과 어깨, 손목 통증은 장시간의 코딩이나 컴퓨터 작업으로 인해 발생할 수 있어요. 그 외에도, 긴장된 상태로 일하면서 체력적, 정신적 스트레스를 받기 쉽고, 이에 따라 피로나 무기력증, 수면 장애 같은 문제가 발생할 수도 있습니다.

CTO나 개발자로 일하면서 중요한 것 중 하나는 바로 '올바른 자세'를 유지하는 거예요. 장시간 컴퓨터 앞에 앉아 일하는 직업 특성상, 잘못된 자세로 앉아 있으면 척추와 목, 어깨에 큰 부담을 줄 수 있어요. 장기적으로는 척추 곡선이나 디스크 문제, 목·어깨 통증 같은 여러 질환을 일으킬 수 있고요. 그래서 정기적인 스트레칭이나 운동, 눈 휴식 등을 통해 건강 관리에 신경 써야 합니다. 또한, 업무와 휴식의 균형, 적절한 스트레스 관리 방법을 찾는 것도 중요해요. 진정한 전문가는 단순히 기술적인 능력뿐만 아니라, 자신의 건강과 웰빙을 관리하는 능력도 갖추고 있어야 한다고 생각해요.

편 스트레스는 어떻게 해소하세요?

홍 스트레스 해소 방법은 사람마다 다르겠지만, 저는 컴퓨터 게임을 통해 스트레스를 해소해요. 아마 조금 놀라실 수도 있겠죠? 그렇지만 컴퓨터 게임은 개발 업무와 많은 부분에서 비슷하다고 느껴요. 게임에서는 원하는 결과를 얻기 위해 다양한 방법을 탐색하고, 실패와 성공을 반복하면서 목표를 향해 나아가죠. 이러한 과정은 개발에서도 마찬가지예요. 문제의 해결 방법을 찾아내고, 그 방법을 실행한 뒤 결과를 확인하며 계속 개선해 나가는 과정이에요. 게임을 통해 제가 겪는 스트레스를 잊을 수 있고, 동시에 다양한 시도와 창의적인 해결 방법을 생각해 내는 훈련도 되는 것 같아요. 하지만 중요한 것은, 게임은 적당한 수준에서 즐기는 것이 좋다는 점이에요. 지나치게 중독되면 일과 생활의 균형을 잃을 수 있기 때문이죠. 저는 개발자의 길을 걷고자 하는 청소년들에게도 적당한 게임을 즐기면서 창의력과 문제 해결 능력을 키우는 시간을 가져보길 추천합니다.

편 이 직업을 잘 묘사한 영화나 소설 등의 작품을 추천해 주세요.

홍 CTO는 기업의 기술 전략을 주도하고, 팀을 관리하며, 최신 기술 트렌드를 파악하고 적용하는 중요한 역할을 해요. 이러한 역할과 책임을 묘사하는 작품은 많지 않은데요, 그나마 추천할 만한 영화는 〈소셜 네트워크The Social Network〉 정도예요. 페이스북의 창립 과정을 다루면서 마크 저커버그와 그의 팀이

영화 〈소셜 네트워크〉의 한 장면

처음으로 페이스북을 개발하는 과정을 보여주죠. 기술적인 부분은 크게 다루지 않지만, 스타트업의 성장과 팀워크의 중요성을 잘 보여줍니다.

최고기술경영자가 되는

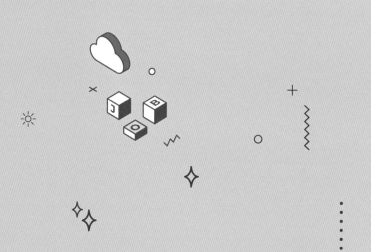

편 최고기술경영자가 되는 다양한 방법 또는 과정을 알려 주
세요.

홍 CTO가 되는 과정은 다양하며, 많은 사람이 그들만의 고
유한 경로를 가지고 있어요. 그렇지만, 여러 전형적인 방법들
이 있어 소개해 드리도록 하겠습니다.

전통적인 경로: 대학에서 컴퓨터 공학, 정보 시스템, 소프트웨
어 공학 등의 전공을 선택합니다. 기업에서 소프트웨어 개발
자, 엔지니어, 시스템 아키텍트 등의 역할로 경력을 시작합니
다. 시간이 지나면서 팀 리더, 프로젝트 매니저, 기술 관리자
등의 관리 직책으로 승진합니다. 기술 전략 및 리더십 역량을
키우며 CTO로 승진합니다.

창업자 경로: 스타트업을 창업하거나 초기 멤버로 합류합니다.
처음부터 CTO 역할을 맡거나, 스타트업의 성장에 따라 CTO
역할로 자리 잡습니다. 스타트업의 성공을 통해 다른 기업에
서 CTO로 초대받을 수도 있습니다.

전문성 중심 경로: 특정 기술 분야나 산업에 깊은 전문성을 가지게 됩니다. 이 전문성을 바탕으로 관련 분야의 기업에서 CTO 역할을 제안받거나, 승진하는 경로를 거칩니다.

전환 경로: 다른 업종이나 분야에서 경력을 쌓았지만, 특정 시점에서 IT나 기술 분야에 흥미를 느끼게 됩니다. 추가 교육이나 학습을 통해 기술적 역량을 키우며, 그 경험을 바탕으로 CTO로 전환합니다.

계속 교육 경로: 기본적인 기술 역량을 가진 뒤, MBA^{Master of Business Administration, 경영학 석사}나 기술 경영 전공의 석사나 박사 과정을 이수합니다. 기술과 경영 두 영역에서의 전문성을 바탕으로 CTO로 진출합니다.

이 외에도 다양한 방식으로 CTO가 될 수 있어요. 중요한 것은 꾸준한 학습, 진정한 흥미와 열정, 그리고 사람들과의 소통 능력이에요.. 각자의 경험과 능력, 그리고 상황에 따라 최적의 경로를 선택하면 됩니다.

편 수학이나 과학을 못 하면 기술개발 및 기술 경영을 할 수 없나요?

홍 먼저, 질문에 바로 답하자면 "수학이나 과학을 전문적으로 잘하지 못해도 기술개발 및 기술 경영을 할 수 있습니다." 그러나 몇 가지 고려해야 할 사항들이 있어요.

기초 지식의 중요성: 수학이나 과학은 많은 기술 분야에서 기본적인 개념을 제공합니다. 특히 알고리즘, 데이터 분석, 물리학 기반의 엔지니어링 등에서는 수학과 과학의 기본 지식이 필요할 수 있어요.

기술개발과 기술 경영의 차이: 기술개발은 종종 깊은 전문성을 요구하지만, 기술 경영은 전략, 팀 관리, 프로젝트 관리 등 다양한 역량이 중요합니다. 따라서 기술 경영에서는 수학이나 과학의 전문성보다는 다른 능력이 더 중요할 수 있죠.

끊임없는 학습의 중요성: 기술 분야에서는 끊임없는 변화와 발전이 있습니다. 수학이나 과학을 못 하는 것보다, 새로운 것을 배우려는 태도와 열정이 더 중요해요.

다양한 배경의 인재 필요성: 현대의 기술팀은 다양한 배경과 전문성을 가진 사람들로 구성됩니다. 디자이너, 마케터, 사업 전략가 등 다양한 배경을 가진 사람들과 함께 협업하는 능력도 매우 중요해요.

결론적으로, 수학이나 과학의 기초 지식은 특정 기술 분야에서 도움이 되지만, 그것이 모든 것은 아닙니다. 여러분의 흥미, 열정, 끊임없는 학습 의지가 더 중요하죠. 수학이나 과학에 자신감이 없더라도, 여러분의 꿈을 향해 나아가는 것을 두려워하지 마세요.

편　유리한 전공 또는 자격증이 있을까요?

홍　CTO가 되기 위해 '필수'라고 할 수 있는 특정 전공이나 자격증은 없습니다. 하지만, 여러분의 기술 및 경영 역량을 키워줄 수 있는 유용한 전공 및 자격증에 대해 알려드릴게요.

01 전공

컴퓨터 과학/공학: 기본적인 프로그래밍 능력, 알고리즘, 데이터베이스 등 IT 분야의 핵심 지식을 배울 수 있습니다.

전기/전자 공학: 하드웨어나 반도체, 통신과 관련된 기술을 깊게 이해하는 데 도움이 됩니다.

경영학: 기업의 경영 전략, 마케팅, 재무 등을 학습하여, 기술 경영에 필요한 지식을 습득할 수 있습니다.

02 자격증

기술 관련 자격증: 예를 들면, 전자기술정보기술자격(ITQ), 정

보처리기사, 정보보안기사 등이 있습니다.

프로젝트 관리 자격증: PMPProject Management Professional 등의 자격증을 통해 프로젝트 관리 능력을 인증받을 수 있습니다.

기타 관련 자격증: AWS, Google Cloud, Microsoft Azure 와 같은 클라우드 서비스 자격증, CCNA나 CCNP와 같은 네트워크 자격증 등이 있습니다.

그렇지만, 전공이나 자격증만이 여러분의 능력을 나타내는 것은 아니에요. 실제 경험, 프로젝트 참여, 팀과의 협업 등 다양한 경험을 통해 습득한 지식과 능력이 훨씬 더 중요해요. 이중 자격증은 CTO의 능력을 나타내기보다는 회사에서 사업적으로 필요해서 따 놓는 경우가 많습니다. 어쨌든 이러한 전공이나 자격증은 여러분의 기술력과 자신감을 키워주는 도구일뿐, 여러분만의 특별한 경험과 노력을 통해 스스로 발전시켜나가는 것이 가장 중요하다는 것을 잊지 마세요! 참고로 저는 저 많은 자격증에 따놓은 게 하나도 없습니다.

편 대학을 졸업하지 않으면 CTO가 될 수 없나요?

홍 대학 졸업 여부가 CTO가 될 수 있는 유일한 지표는 아니에요. 사실, 세계적으로 유명한 기술 기업의 창업자나 리더 중에는 대학을 중퇴한 경우도 상당히 많아요. 예를 들면, 애플의 공동 창업자인 스티브 잡스, 마이크로소프트의 공동 창업자인 빌 게이츠, 페이스북의 창업자인 마크 저커버그 등이 있죠.

대학 교육은 다양한 지식과 네트워크, 다양한 경험을 제공해 줄 중요한 기회입니다. 하지만 CTO로서 필요한 역량은 다양한 경험과 실제 업무를 통한 학습, 그리고 개인의 끊임없는 자기 계발을 통해서도 충분히 얻을 수 있어요. 또한, 기술 분야는 빠르게 변화하고 있으며, 항상 새로운 기술이 등장하고 있기 때문에, 지속적인 학습과 혁신에 대한 열정이 중요합니다. 이런 관점에서 보면, 대학 졸업은 한 사람의 능력이나 가치를 전부 나타내지는 않아요.

결론적으로, 대학 졸업은 CTO가 되는 여러 경로 중 하나일 뿐, 여러분의 능력과 열정, 그리고 끊임없는 노력을 통해 CTO의 자리에 오를 수 있음을 기억해 주세요. 여러분의 꿈을 향한 여정에서 가장 중요한 것은 학력이나 배경이 아니라 얼마나 꾸준히 노력하고, 변화와 도전을 받아들일 준비가 되어 있는지입니다.

편 어떤 사람이 CTO가 되면 좋을까요?

홍 청소년 여러분! CTO로서, CTO가 되기에 적합한 사람의 특성에 관해 설명해 드릴게요.

기술적 열정: CTO는 기술에 대한 깊은 이해와 열정이 필요합니다. 새로운 기술 트렌드나 도구에 대한 호기심과 배움의 마음가짐이 중요해요.

리더십: CTO는 팀을 이끌고, 다양한 부서와의 커뮤니케이션 능력이 필요해요. 리더로서의 비전을 가지고 있어야 하며, 팀원들의 발전을 도와줄 수 있는 지도력이 필요합니다.

문제 해결 능력: 복잡한 기술 문제나 업무상의 도전을 만났을 때, 창의적이고 효과적으로 문제를 해결할 수 있는 능력이 요구됩니다.

의사결정 능력: CTO는 종종 기술과 관련된 중요한 결정을 내려야 해요. 이때, 잘못된 결정은 큰 비용이나 시간의 손실을 줄 수 있으므로 분석적 사고와 판단력이 필요해요.

커뮤니케이션 능력: CTO는 개발팀뿐만 아니라 다른 부서나

외부 파트너와도 지속해서 소통해야 해요. 그렇기에 다양한 이해관계자와의 원활한 커뮤니케이션 능력이 중요하죠.

전략적 사고: CTO는 단순히 현재의 문제를 해결하는 것뿐만 아니라 미래의 변화와 기술 트렌드를 예측하고, 회사의 기술 전략을 수립하는 역할도 합니다.

유연성: 기술 분야는 빠르게 변화합니다. 변화에 유연하게 대응하고, 새로운 것을 받아들일 수 있는 개방적인 마음가짐이 필요해요.

이런 특성들을 가진 사람이면 CTO로서 성공적으로 활동할 수 있을 거예요. 하지만 모든 것을 처음부터 완벽히 갖추고 있을 필요는 없어요. 중요한 것은 자신의 강점을 알고, 약점은 개선하기 위해 지속해서 노력하는 거예요.

편 이 일이 맞지 않는 사람은 누굴까요?

홍 CTO로서 역할을 잘 수행하기 위해서는 기술 지식, 리더십, 팀워크, 의사결정 능력 등 다양한 능력이 필요해요. 그렇다면 CTO로 맞지 않는 사람은 어떤 특성을 가진 사람일까요?

01 변화에 유연하지 못한 사람

기술 분야는 지속해서 변화하는 분야입니다. 새로운 기술이 빠르게 등장하고, 기존의 기술은 속속 사라지기도 하죠. 변화에 빠르게 적응하지 못하면 CTO의 자리에서는 어려움을 겪게 될 수 있어요.

02 팀워크를 중요하게 생각하지 않는 사람

CTO는 다양한 부서와 협력하며 일을 진행해야 합니다. 팀원들의 의견을 듣고, 서로의 견해를 조율하는 과정이 필요하죠. 혼자 일하길 좋아하거나 다른 사람의 의견을 고려하지 않는 사람은 CTO의 역할에 적합하지 않을 수 있어요.

03 의사결정에 주저하는 사람

CTO는 중요한 결정을 내려야 하는 위치입니다. 적절한 시점에 단호하게 결정을 내릴 수 있는 능력이 필요해요. 결정을 내리기를 주저하거나 자주 바꾸는 사람은 팀의 방향성을 제대로 제시하기 어려울 수 있어요.

04 기술에 대한 호기심이 부족한 사람

CTO는 기술의 트렌드를 알고, 기술의 깊은 부분까지 파악할 필요가 있습니다. 기술에 대한 깊은 관심과 호기심이 없다면, 이 분야에서의 리더로서 역할을 잘 수행하기 어려울 거예요.

05 리더십이 부족한 사람

CTO는 리더로서 역할도 수행해야 합니다. 팀원들을 이끌고, 모두가 함께 나아갈 수 있는 방향을 제시해야 하죠. 리더십이 부족하다면, 팀의 조직력을 유지하기 어려울 수 있어요. 특히 지나치게 기술에만 집착하고 팀을 이끌거나 조직의 비전을 등한시하는 사람은 위험해요. 개발자로서는 훌륭할 수 있어도 리더십이 부족하면 CTO를 해서는 안 됩니다.

물론, 위의 특성들이 부족하다고 해서 모두 CTO에 부적합하다는 것은 아니에요. 각자의 강점을 알고, 약점을 보완하는 노력을 통해 누구나 성장할 수 있어요. 주어진 환경과 조건 속에서 끊임없이 노력하며 자신을 성장시키는 것이 중요하다는 것을 기억하길 바랍니다.

편 훌륭한 CTO가 되려면 청소년 시기에 어떤 준비를 해야
하나요?

홍 기술력, 리더십, 끈기와 인내. 이 세 가지를 중심으로 설명
을 시작해 볼게요.

01 기술력 키우기

먼저, 기술력입니다. CTO라는 포지션은 이름 그대로 기술에
대한 통찰력과 전문성이 요구되죠.

프로그래밍의 세계로: 여러분이 생각하는 것보다 프로그래밍
은 훨씬 친근하답니다. 간단한 언어부터 시작해 꾸준히 실력
을 키우는 것이 중요해요. 기본부터 탄탄하게!

기술의 다양성 탐구: IT 기술 외에도 인공지능, 로봇공학, 바이
오 기술 등 다양한 분야에서 기술적 지식을 탐구해 보세요. 이
런 지식이 여러분의 시야를 넓혀줄 거예요.

02 리더십 갖추기

CTO는 단순히 기술을 알고 있는 사람을 넘어, 팀을 이끌고 회사의 기술 방향성을 정하는 역할도 하죠.

팀 프로젝트 참여: 학교나 동아리 활동에서 팀 프로젝트에 참여하여 리더십을 경험해 보세요. 다양한 사람들과의 소통 능력도 키워나갈 수 있답니다.

03 끈기와 인내 키우기

기술의 세계는 항상 변화하고 발전하는 분야입니다. 때로는 실패와 좌절도 많이 겪게 되죠.

도전의 연속: 쉽게 포기하지 않고 무언가에 도전해 보세요. 그 과정에서의 노력과 인내는 여러분을 더 강하게 만들어줄 거예요.

기술의 세계는 정말 흥미롭고 무한한 가능성을 품고 있어요. 여러분들도 그 속에서 꿈과 열정을 키워나가길 바랍니다.

기술혁신을 주도하는
최고기술경영자

편　학교에서 어떤 과목의 공부에 집중하면 좋나요?

홍　CTO가 되기 위해서는 다양한 과목의 지식이 필요해요. 그렇지만 특히 중요하게 여기면 좋을 과목들을 중심으로 설명해 드릴게요.

01 수학

수학은 프로그래밍 및 알고리즘 설계의 기본이 되는 과목이에요. 논리적 사고와 문제 해결 능력을 키우는 데에도 큰 도움이 되고요. 특히, 대수학과 기하학은 프로그래밍과 밀접한 관련이 있죠.

02 과학

컴퓨터과학, 물리학, 화학 등과 같은 과학 과목은 기술의 원리를 이해하는 데에 중요해요. 특히 컴퓨터과학은 프로그래밍과 시스템의 기본 원리를 배울 수 있어요.

03 영어

세계의 최신 기술 트렌드와 연구 자료는 대부분 영어로 제공됩니다. 영어 실력이 좋다면 최신 기술 정보를 쉽게 습득할 수 있어요.

04 사회

CTO는 기술 전략을 수립하고, 팀원들과 함께 일하며 다양한 부서와의 소통도 중요하게 여기는 직책이에요. 사회과목에서는 조직의 원리, 인간의 행동과 사회적 상호작용 등에 대해 배울 수 있어요.

05 예술 & 체육

예술과 체육도 중요해요. 창의적 사고와 팀워크를 배울 수 있는 활동들이기 때문이죠. 또한, 스트레스 관리와 건강 유지에도 큰 도움이 됩니다.

학교에서의 공부도 중요하지만, 기술과 관련된 동아리 활동이나 프로젝트에 참여하는 것도 큰 도움이 돼요. 다양한 경험을 통해 여러분만의 관점과 통찰력을 키워가길 바랍니다.

(편) 청소년기에 어떤 경험을 하면 좋을까요?

(홍) 좋은 CTO가 되기 위해 청소년기에 권장되는 경험은 단순한 기술적 지식을 넘어서, 인간적인 관점, 리더십, 그리고 폭넓은 경험을 통한 시야 확장이 필요하다는 점에서 매우 중요해요. 이를 위해 청소년기에 다음과 같은 경험을 쌓는 것을 추천합니다.

다양한 활동 참여: 여러 종류의 동아리, 체육 활동, 봉사 활동 등 다양한 활동을 경험하며 다른 사람들과의 소통 능력을 키울 수 있어요.

문화와 예술 체험: 공연, 전시회, 음악회 등 다양한 문화적 활동을 통해 예술적 감각과 창의력을 기를 수 있어요.

여행: 다양한 지역이나 국가를 방문하며 다른 문화와 사람들을 경험하는 것은 시야를 넓히는 데 큰 도움이 돼요.

대화와 네트워킹: 다양한 연령대의 사람들과 깊은 대화를 나누는 것은 사고의 폭을 넓히는 데 중요하며, 나중에 비즈니스 네트워킹에도 큰 도움이 될 거예요.

팀 프로젝트 참여: 다양한 배경을 가진 사람들과 함께 프로젝트를 진행하며 협업의 중요성과 팀워크 능력을 기를 수 있어요.

기초 학문 탄탄히: 수학, 과학 등의 기초 학문을 탄탄히 다지는 것은 물론, 인문학, 사회학 등의 다양한 분야의 지식도 함께 키워나가는 것이 좋아요.

도전과 실패의 경험: 모든 것이 순조롭게 흘러가지 않을 때, 어떻게 문제를 해결하고 위기를 극복하는지를 배우는 경험은 매우 소중해요.

이런 경험들은 청소년기에 CTO로서 필요한 리더십, 커뮤니케이션 능력, 다양한 시각과 사고방식 등을 기르는 데 큰 도움이 될 거예요.

개발자가 되면 일어나는
일들

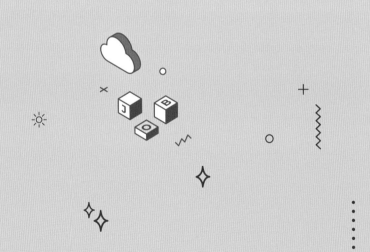

편 개발자들의 근무 환경은 어떤가요?

홍 개발자들의 근무 환경은 회사마다 조금씩 다르지만, 요즘의 트렌드를 기반으로 설명해 볼게요.

컴퓨터와 두 개의 모니터: 대부분 개발자는 작업을 편하게 하기 위해 두 개의 모니터를 사용해요. 이렇게 하면 여러 개의 프로그램을 동시에 켜놓고 작업하기가 편리하거든요.

편안한 의자와 책상: 개발자들은 하루에 몇 시간씩 컴퓨터 앞에 앉아 있기 때문에 편안한 의자와 책상은 꼭 필요해요.

조용한 환경: 개발 작업은 집중력이 중요하기 때문에 조용한 환경에서 일하는 것을 선호해요. 그래서 많은 회사가 조용한 작업을 위한 별도의 공간을 마련하기도 해요.

유연한 근무: 많은 IT 회사는 유연한 근무 시간을 제공해요. 즉, 꼭 9시부터 6시까지 사무실에 있을 필요는 없다는 거죠. 결과를 잘 내주면 언제 어디서 일하는지는 그리 중요하지 않게 봐요.

원격 근무: 최근에는 집에서 일하는 원격 근무가 늘어나고 있

어요. 특히 코로나19와 같은 상황에서는 더욱 그렇죠. 이런 방식으로 일하면 출퇴근 시간을 줄일 수 있어서 편리하기도 해요. **학습의 기회**: 기술 분야는 항상 변화가 빠르기 때문에 회사에서는 개발자들이 계속 학습할 수 있도록 교육 기회를 제공하기도 해요.

기억해야 할 건, 모든 회사가 이런 환경을 제공하는 것은 아니라는 점이에요. 하지만 IT 분야는 계속 성장하고 있기 때문에 개발자들의 근무 환경도 점점 더 좋아지고 있답니다.

편　요즘 소프트웨어 개발자들의 처우는 어떤가요?

홍　소프트웨어 개발자는 컴퓨터 프로그램을 만드는 사람을 말해요. 그들이 만든 프로그램으로 우리는 게임을 즐기거나 핸드폰에서 다양한 앱을 사용할 수 있어요. 그렇다면 이런 소프트웨어 개발자들의 처우는 어떨까요? 먼저, 소프트웨어 개발자들은 대체로 좋은 환경에서 일을 해요. 그 말은 쾌적한 사무실에서 현대적인 기기들로 일을 한다는 의미예요. 또한, 많은 회사가 개발자들에게 편안한 근무 환경을 제공하려고 노력하기도 해요.

　　이제 급여에 관해 얘기해 볼게요. 소프트웨어 개발자의 급여는 사실상 그 사람의 기술 수준이나 어떤 회사에 다니느냐에 따라서 많이 달라져요. 하지만, 일반적으로 다른 직군에 비해 급여가 높아요. 이유는 우리 사회에서 기술력을 중요하게 생각하고, 그 기술력을 가진 개발자들이 부족하기 때문이에요. 그래서 기업들은 뛰어난 개발자를 찾기 위해 높은 급여를 제안하기도 하죠. 하지만 중요한 것은 모든 개발자가 높은 급여를 받는 것은 아니에요. 자기 기술을 계속 향상하고, 다양한 경험을 하는 것이 중요해요. 그리고 어떤 회사에 다니느냐도 큰 차이를 만들어요. 유명한 큰 회사는 물론 좋은 급여와 복지를 제공할 수 있지만, 그만큼 경쟁도 치열하죠. 반면, 스타트업 같은 작은 회사는 큰 회사보다는 급여가 적을 수도 있지만, 다양한 경험을 할 기회가 많아요.

요약하면, 소프트웨어 개발자는 꾸준한 노력과 학습으로 자신의 가치를 높일 수 있고, 그렇게 되면 높은 급여와 좋은 대우를 받을 수 있어요. 하지만 중요한 것은 돈만을 위해서 개발자가 되는 것이 아니라, 진정으로 프로그래밍을 좋아하고, 새로운 것을 만드는 것에 재미와 열정을 느낀다면 그 직업을 선택하는 것이 좋아요.

편 10년 후에도 개발자가 유망한 직업일까요?

홍 물론, 그 질문에 대한 답은 100% 확신할 수 없지만, 현재까지의 경향과 제 경험을 기반으로 예측해 볼게요.

첫 번째로, 지금 우리 주변의 모든 기기와 서비스는 소프트웨어에 의존하고 있어요. 스마트폰, 냉장고, 텔레비전, 자동차 등 많은 기기가 스마트 기술로 발전하고 있죠. 이런 스마트 기술은 모두 소프트웨어 개발자들의 손에서 만들어져요. 그렇기 때문에, 기술이 계속 발전한다면 개발자들의 역할은 점점 더 중요해질 것 같아요.

두 번째로, 인공지능, 빅데이터, 가상현실, 사물인터넷 등과 같은 신기술이 계속해서 나오고 있어요. 이런 신기술들을 만들고 발전시키기 위해서는 소프트웨어 개발자의 역할이 필수적이에요. 따라서 이런 기술의 발전도 개발자 직업의 수요를 높일 것 같아요.

세 번째로, 현재 많은 기업이 디지털 변화를 통해 자신들의 서비스를 개선하거나 새로운 서비스를 만들려고 해요. 이런 변화를 위해서는 소프트웨어 개발자의 도움이 필요하죠.

하지만, 모든 것이 긍정적인 것만은 아니에요. 기술의 발전에 따라 일부 일자리는 자동화되거나 간단해질 수 있어요. 그렇기 때문에, 단순한 코딩 능력만을 가진 개발자보다는 다양한 기술과 지식, 그리고 창의력을 갖춘 개발자가 더 중요해질 것 같아요.

결론적으로, 10년 후에도 개발자는 여전히 유망한 직업으로 보이지만, 그냥 평범한 개발자가 아니라 더 넓은 지식과 능력을 갖춘 개발자가 더 중요해질 것 같아요. 그렇기 때문에 계속해서 새로운 기술과 지식을 배우는 것이 중요하겠죠.

편 개발자는 반드시 관리자가 되어야 하나요?

홍 개발자가 반드시 관리자가 되어야 하는 건 아니에요. 사실, 많은 개발자는 코드를 작성하는 것을 사랑하고, 그 일에 만족하면서도 계속 그 일을 하고 싶어 해요. 그런데, 경력이 쌓이면서 자신의 지식과 경험을 다른 사람들과 공유하고 싶을 때가 있어요. 그럴 때 관리자나 팀 리더와 같은 역할을 선택할 수도 있죠.

하지만 관리자로 나아가지 않는다고 해서 개발자의 가치가 떨어지는 것은 아니에요. 실제로, 전문 개발자로서 다양한 지식과 능력을 갖춘 사람들은 회사에서 아주 중요한 역할을 하기도 해요. 그들은 특정 기술 분야에 깊은 전문성을 가지고 있기 때문에, 그 분야의 문제를 해결하는 데 큰 역할을 해요. 그런데도 관리자로서의 기본적인 자질과 능력도 갖추는 것이 좋아요. 왜냐하면, 팀의 원활한 협업이나 프로젝트의 성공을 위해서는 다양한 사람들과의 커뮤니케이션이 중요하기 때문이죠. 그리고 때로는 팀의 문제를 해결하거나, 일정을 관리하는 등의 관리자 역할을 해야 할 때도 있어요.

결론적으로, 개발자는 자신의 경로를 스스로 결정할 수 있어요. 관리자의 길을 선택하든, 전문 개발자로 계속 나아가든, 어떤 선택을 하든 그것이 자기 행복과 가치에 맞는 선택이라면 그게 최선의 선택이에요.

편 이 일은 우리 사회에서 어떤 평가를 받나요?

홍 한때 개발자의 이미지와 현실이 크게 바뀌었죠. 과거에는 개발자란 직업은 혼자서 조용히 일하는 이미지로 인식되었어요. 그리고 대부분의 회사에서는 개발자들이 그저 일을 처리하는 '도구'로 생각되곤 했죠. 또한 개발 작업의 특성상 야근이나 철야가 많아, 건강하고 균형 잡힌 삶을 살기 어렵다는 인식도 있었고요. 하지만 요즘은 이런 인식이 크게 바뀌었어요. 우리 사회에서 디지털 기술의 중요성이 증가하면서, 개발자의 역할도 점점 더 중요해지고 있죠. 많은 기업이 자사의 서비스나 제품을 개선하거나 새롭게 개발하기 위해 개발자들을 채용하고 있어요. 그래서 개발자들에 대한 수요가 많이 증가했고, 이에 따라 그들의 처우도 많이 개선됐어요.

또한, 최근에는 워라벨Work-Life Balance의 중요성이 강조되면서, 회사들도 개발자들의 근무 환경을 개선하려 노력하고 있어요. 야근과 철야를 줄이기 위한 여러 정책이 시행되고 있죠. 그뿐만 아니라, 최근에는 빅데이터, 인공지능, 가상현실 등의 신기술 분야에서 개발자들의 역할이 더욱 중요해지고 있어요.

그 결과, 이런 분야에 특화된 개발자들은 특히 높은 연봉과 대우를 받기도 해요.

요약하면, 현재 개발자는 우리 사회에서 매우 중요한 직업으로 인식되고 있으며, 그들의 처우와 대우도 점점 개선되고 있어요. 이런 변화는 앞으로도 계속될 것으로 보여요.

편　솔직하게 의사나 판검사보다 개발자라는 직업이 더 좋다고 볼 수 없지 않을까요?

홍　확실히 그렇게 볼 수도 있어요. 전통적으로 의사나 판사, 검사 같은 직업은 사회적으로 안정적이고 높은 수입을 보장하는 직업으로 여겨져 왔어요. 그런데 그런 관점에서 보면, "왜 개발자가 된 거죠?"라고 물어볼 수도 있어요. 하지만 제 개인적인 경험과 생각으로는 의사나 판사, 검사가 물론 중요하고 존경스러운 직업이지만, 개발자도 마찬가지로 중요하고 가치 있는 직업이라고 봐요. 어쩌면 그 직업이 주는 특정한 안정감이나 사회적 지위, 수입 등에 눈이 가기 쉬운데, 그것만이 직업의 가치를 판단하는 유일한 기준은 아니라고 생각해요.

저는 개발자로서 창의적이고 독립적인 작업을 할 수 있는 환경에서 일하고, 그 과정에서 얻는 만족감과 성취감이 무엇보다 소중해요. 매일매일 새로운 도전과 문제 해결의 과정에서 성장하고, 그 과정에서 창출되는 가치가 사회에 기여한다는 사실이 큰 보람을 주죠. 물론, 이런 직업의 특성상 끊임없는 공부와 업데이트가 필요하고, 때로는 스트레스와 압박감을 느낄 때도 있어요. 하지만 그런 도전이 저에게는 더 많은 에너지와 동기부여를 제공해요.

그리고 저희 직업군이 창출하는 기술과 서비스가 사회와 세계에 미치는 영향을 생각해 보면, 개발자도 의사나 판사, 검사만큼이나 중요하고 가치 있는 직업이라고 자부합니다. 우리는 실질적으로 사회를 바꾸고, 미래를 형성하는 힘을 가지고 있다고 느껴지거든요. 그렇기 때문에, 당연히 의사나 판검사가 훌륭한 직업이지만, 개발자로서의 삶도 많은 가치와 뜻이 있다고 확신해요. 판사가 메신저를 만들어 내거나 검사가 인공지능을 만들지는 못하지 않습니까?

기술혁신을 주도하는
최고기술경영자

기술개발
프로세스

편 대표님은 아프리카TV를 개발하셨는데요. 사람들에게 인기 있는 서비스로 성장하는 것을 보면 뿌듯하시겠어요.

홍 그렇습니다. 정말로 그렇죠. 얼마 전에 넷플릭스에서 〈마스크 걸〉이란 드라마가 큰 인기를 끌었어요. 아직 청소년 여러분들은 18세 제한으로 인해 보지 못했겠지만, 그 드라마 속에 아프리카TV의 영향력을 엿볼 수 있었어요. 팡TV란 이름으로 나왔지만, 바로 초창기에 저와 제 동료들이 함께 만들어 나갔던 아프리카TV예요. 드라마를 보면서 무척 자랑스럽게 느꼈죠. 그만큼 아프리카TV가 한 시대를 반영하고, 사람들의 삶에 깊숙이 뿌리내린 서비스가 되었다는 것을 의미하니까요.

사실, 기업의 가치를 숫자로만 표현하는 것은 조금 부족하다고 느끼기도 해요. 아프리카TV의 총가치가 1조 원 정도 되는데, 그래도 우리가 한 일이 세상에 의미 있는 변화를 가져다준 것 같아서 감사하고 뿌듯했죠. 비록 지금은 아프리카TV를 떠나 다른 길을 걷고 있지만, 그때의 시간이 오늘의 저를 만들었고, 그 속에서 개인으로서, 그리고 CTO로서 작은 족적을 남길 수 있었다는 것에 감사하며, 그 경험을 소중히 여기고 있어요.

편 아프리카TV는 왜 만들어야겠다고 생각하셨나요?

⊙홍 아프리카TV의 아이디어는 기술연구소에서 시작됐어요. 그 당시 (주)아프리카TV, 그러니까 당시의 회사명 나우콤은 피디박스라는 웹 스토리지 서비스로 큰 성과를 거두고 있었죠. 하지만 그것만으로는 미래를 보장받을 수 없다는 걸 우리 모두 알고 있었어요. 그래서 중장기 기술개발 전략을 수립하는 과정에서 여러 아이디어와 기술을 고민해 봤어요. 가장 중요한 부분은 핵심기술의 선정이었죠. 경쟁사와 비교해 우리 회사만의 원천 기술을 확보해야 했기 때문이에요. 수개월에 걸친 조사와 토론 끝에, 3D 전략이라고 불리는 Data storage, Delivery, Display 세 가지 핵심기술을 선정했어요. 아직도 그 이름이 기억에 남아 있을 정도로 강렬한 인상을 주었고, 우리 모두에게 방향성을 제시해 줬죠.

Data storage는 고효율의 데이터 저장 방법으로 비용 절감을, Delivery는 네트워크 비용을 최소화하면서도 안정적인 전송 속도를 유지하는 기술이었어요. 그리고 마지막으로 Display는 동영상 관련 기술을 의미했죠. 이 세 가지 핵심기술을 조합해서 몇 가지 사업 아이템을 구상했는데 그중 하나가 개인 방송 서비스 즉 아프리카TV예요. 개인 방송 서비스는 그 당시에는 완전히 새로운 분야였고, 우리의 3D 핵심기술이 완성된다면 충분히 개발할 수 있는 서비스였죠.

기술개발은 항상 도전이 동반돼요. 특히 Display 부분은 우리에게 큰 도전이었어요. 동영상 인코딩, 디코딩, 디스플레이 등 동영상 관련 기술에 대한 경험이 부족했지만, 그래도 끈기를 가지고 도전을 계속해 나갔어요. 그 결과, 아프리카TV는 시대를 반영하는 중요한 서비스로 자리매김할 수 있었고, 오늘날까지도 많은 사람에게 사랑받고 있는 플랫폼이 되었죠.

편 매우 흥미로운 이야기예요. 당시에 핵심기술 선정은 어떻게 진행되었나요?

홍 핵심기술 선정은 회사의 원천적인 경쟁력을 확보하는 중요한 과정이었어요. 우리는 이 과정을 진행하기 위한 특별한 원칙을 세웠죠.

첫 번째로, '시장과 트렌드의 변화를 예측하고 반영'할 것이라는 원칙을 두었습니다. 기술이 아무리 훌륭해도, 그것이 시장의 필요와 맞지 않다면 의미가 없어요. 그 당시 초고속 통신망이 확대되고 있었고, 이를 통해 동영상 트래픽이 급증하고 있었기 때문에 이를 중요하게 고려하게 되었죠.

두 번째로, '우리 사업의 확장 영역에 존재'할 것이라는 원칙입니다. 기술은 우리의 현재 사업과 연결되어야 해요. 그렇지 않으면 아무리 좋은 기술이라도 우리 회사에는 의미가 없어요. 그래서 우리가 이미 경험하고 있는 영역에서 확장될 수 있는 기술을 선택했죠.

마지막으로, 가장 중요하게 여긴 세 번째 원칙은 '미래에 전 세계에서 제일 잘할 수 있는 것을 선정'하는 것이었어요. 현재 우리가 가진 기술만을 고려하는 것이 아니라, 앞으로 경쟁력을 갖추기 위해 필요한 기술을 선정하려고 노력했죠. 그것이 현재 없는 기술이라 해도, 우리는 그것을 확보하기 위한 방법을 찾아야 했어요.

이런 원칙들을 바탕으로, 수개월에 걸쳐 여러 조사와 토론을 거치며 핵심기술을 선정했어요. 그 과정은 쉽지 않았지만, 그 덕분에 지금의 아프리카TV가 탄생할 수 있었던 거죠.

편 그러면 아프리카TV는 3D 핵심기술이 선정되고 나서 바로 개발에 들어갔나요? 아니면 다른 준비 작업이 필요했나요?

홍 아프리카TV의 개발은 3D 전략을 구체화한 후에 진행되었고, 그 과정에는 두 가지 중요한 단계가 있었어요.

첫 번째로, 3D 전략에 기반하여 다양한 사업 아이템을 브레인스토밍하는 과정이 있었어요. 디스플레이와 딜리버리를 결합하면 개인 방송 서비스, 데이터 스토리지와 딜리버리를 결합하면 대용량 데이터 전송 서비스와 같이 서른 가지가

넘는 아이디어가 도출되었고, 그중에서 열 가지를 최종적으로 선정했어요. 이 아이디어들을 회사의 전략 워크숍에서 발표했고, 약 1년의 세월을 두고 필요한 기술을 확보하겠다고 공언했죠. 대신 우리가 확보할 기술은 세계 최고 수준이고 기술적으로는 충분히 뒷받침할 테니 사업 부서에서는 어떤 사업이든

도전해 보라고 공언했고요. 그리고 열 가지 중에 아프리카TV와 대용량 데이터 전송 서비스(IDC) 사업이 최종적으로 선정됐죠. 아프리카TV는 약 1년 뒤에, IDC 사업은 그로부터 2년 뒤에 본격적으로 시작됐어요.

두 번째로, 우리가 갖고 있지 않았던 디스플레이 기술의 확보 작업이 필요했어요. 우리 회사에서 가장 뛰어난 리눅스 개발자를 디스플레이 기술 연구에 투입했죠. 그는 자신의 기술 기반을 리눅스에서 윈도로의 전환, 그리고 동영상 인코딩, 디코딩, 디스플레이 기술 연구에 매진했고, 그 결과 아프리카TV의 핵심기술이 탄생할 수 있었어요.

그 후 1년이라는 시간이 흘렀어요. 아프리카TV의 기술개발이 완료되고, 그와 동시에 시장 환경 역시 우리가 예상했던 방향으로 발전해, 개인 방송 서비스를 시작하기에 적합한 시기가 도래한 거죠. 그래서 사업 부서에서는 아프리카TV 사업을 공식적으로 론칭하기로 결정했어요. 여기까지의 과정을 돌이켜보면, 모든 것이 계획대로 진행된 것 같지만 실제로는 그렇지 않았어요. 단계마다 수많은 도전과 장애가 있었고, 그것을 극복해 나가는 과정에서 우리는 끊임없이 배웠고 성장했어요. 그 노력이 오늘날 아프리카TV의 성공을 만들어 낸 거로 생각해요.

편 실제 아프리카TV 개발 과정은 어떻게 되었나요?

홍 사업 부서가 개인 방송 서비스 사업 개시를 결정하고 나서 프로젝트가 시작됐어요. 프로젝트명은 'W'였습니다. 각 포지션에서 가장 역량 있는 인재들이 모여 TFT^{Task Force Team, 특별} ^{전담 조직}를 구성했죠. 기획자, 디자이너, 솔루션 개발팀, 웹서비스 개발팀이 하나로 뭉쳤어요. 기획자는 사용자의 목소리를 정밀하게 분석하여 서비스에 반영했고, 디자이너는 그것을 시각적으로 표현하여 사용자 친화적인 인터페이스를 만들어 냈어요. 솔루션 개발팀은 동영상과 영상 전송 기술을 맡아, 그 기술력을 최대로 발휘했고요. 웹서비스 개발팀은 웹서비스의 전반적인 부분을 맡아 효율적이고 사용자 친화적인 서비스를 구축했어요.

그런데, 하나의 큰 고민이 있었어요. 바로 수익 모델에 대한 것이죠. 우리는 사용자가 많아지면 어떻게든 수익을 창출할 수 있을 것이라는 낙관적인, 그리고 다소 나이브한 사고를 하고 있었어요. 광고를 통해 이익을 얻을 수 있을 것이라 기대했죠. 하지만 현실은 그렇게 단순하지 않았고, 아프리카TV는 초기에 수년간 적자를 지속하게 돼요. 그 시절, 하루하루가 도전이었고, 불확실성 속에서도 끊임없이 앞으로 나아가려는 의지와 열정, 그리고 무엇보다 사용자와의 소통이 우리를 지탱

아프리카TV 베타 서비스인 'W'의 모습

해 줬어요.

'W' 프로젝트가 단순한 웹서비스 개발 프로젝트가 아니었던 것은, 그 속에 담긴 우리의 노력과 열정, 그리고 무엇보다 미래를 향한 끊임없는 도전이었어요. 그렇기에 아프리카TV는 단순한 서비스를 넘어 사용자와 함께 성장하는 플랫폼으로 발전할 수 있었고, 지금의 위치에 있게 되었죠.

편 아프리카TV는 초창기 사용자들의 반응은 어땠나요? 그리고 매년 적자를 냈다고 했는데, 어떻게 극복했나요?

홍 아프리카TV가 처음 출시되었을 때, 사용자들의 반응은 상당히 긍정적이었어요. 그 당시 'W' 프로젝트라고 불리던 이 서비스는 신선하고 독특한 경험을 제공해 주어, 사용자들에게 긍정적인 인상을 남겼어요. 이 서비스로 인해 회사는 혁신과 창의력을 지속해서 추구하는 기업으로 인식됐죠. 하지만, 초창기에 많은 사용자의 관심을 받았음에도 불구하고, 수익 구조가 명확하지 않아 회사 내부에서는 경제적 부담을 느끼는 시기도 있었어요. 다른 부서에서는 아프리카TV를 위해 수익을 지원해야 하는 상황에 대해 불만을 표현하는 경우도 있었고요. "우리가 열심히 돈 벌어서 너희 뒷바라지해 준다." 이런 불만들이 있었죠.

별풍선이라는 수익 모델이 도입되기 전까지는 회사는 매년 적자를 기록하면서도 이 서비스를 유지해야 했어요. 별풍선은 방송을 시청하는 이들이 BJ에게 직접적으로 돈을 지급할 수 있게 만든 시스템이었어요. 이 시스템은 아프리카TV에 혁신적인 변화를 가져다주었고, 서비스를 경제적으로도 지속 가능한 모델로 전환했어요. 이러한 변화와 함께 아프리카TV는 다양한 콘텐츠와 사용자들과의 상호작용을 통해 빠르게 성장해 나갔죠. 더 이상 적자를 기록하는 서비스가 아니고 오히려 큰 수익성을 보장해 주는 사업이 됐어요. 그 결과 아프리카TV

'W'의 방송 시청 장면

는 지금의 모습으로 성장해 나갈 수 있었습니다.

편 아프리카TV는 무슨 뜻인가요? 아프리카 대륙하고 관련
이 있나요?

홍 사실 아프리카TV의 이름은 아프리카 대륙과 직접적인 관
련이 없어요. '아프리카'라는 이름은 'A Free Casting'의 줄임
말에서 온 것이죠. 이것은 '자유로운 방송'이라는 의미를 내포
하고 있어요. 자, 여기서 '자유로운 방송'이란 사용자들이 자유
롭게, 누구나 쉽게 방송을 시작할 수 있고, 다양한 콘텐츠를 소
비할 수 있는 플랫폼을 의미해요. 이 이름은 아프리카 대륙을

연상시키기도 하지만, 영어 스펠링은 다르고 발음만 비슷하게
디자인된 거죠.

🔵편 아프리카TV의 성공 요인은 무엇이라고 보시나요?

🔴홍 아프리카TV의 성공 요인은 여러 가지로 볼 수 있지만, 개
발자의 시각에서 이야기하자면, 기술이 주역으로서 크게 작용
했다고 봐요. 전통적으로, 기술과 개발은 종종 서비스나 제품
을 지원하는 역할에 그쳤어요. 하지만 아프리카TV의 경우는
달랐어요. 아이디어부터 시작해서, 서비스가 성장하는 과정에

최근의 아프리카TV 모습

있어 기술이 핵심 역할을 했죠.

아프리카TV의 성공 요인을 좀 더 자세히 들여다보자면, 첫째, 우리는 시장과 기술의 변화를 잘 파악하고 그에 맞는 아이디어를 발굴했어요. 둘째, 필요한 기술을 미리 준비해 놓았죠. 이 두 가지가 굉장히 중요했어요. 그리고, 아프리카TV는 초기에는 이익을 거둘 수 없는 상황이었어요. 하지만, 우리 회사에는 다른 수익을 창출할 방법이 준비되어 있었고, 그 덕분에 아프리카TV를 지속해서 성장시킬 수 있었어요.

마지막으로, 이 모든 것을 가능하게 한 것은 회사 구성원

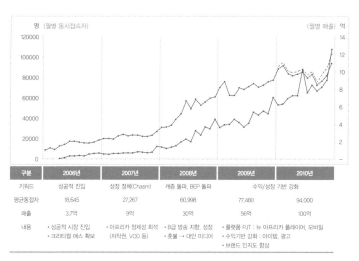

구분	2006년	2007년	2008년	2009년	2010년
키워드	성공적 진입	성장 정체(Chasm)	캐즘 돌파, BEP 돌파	수익/성장 기반 강화	
평균동접자	18,645	27,267	60,998	77,480	94,000
매출	3.7억	9억	30억	56억	100억
내용	• 성공적 시장 진입 • 크리티컬 매스 확보	• 아프리카 정체성 희석 (저작권, VOD 등)	• B급 방송 지향, 성장 • 촛불 ⋯ 대안 미디어	• 플랫폼 PJT : 뉴 아프리카 플레이어, 모바일 • 수익기반 강화 : 아이템, 광고 • 브랜드 인지도 향상	

초기 아프리카TV의 성장세

들의 인내와 지원이었어요. 아프리카TV가 성공할 때까지 묵묵히 지원하고 인내하는 모습이 아프리카TV의 성공을 뒷받침했다고 생각해요. 기술이 단순히 서비스를 지원하는 역할에서 벗어나, 주도적으로 서비스와 제품을 형성하고 성장시키는 중요한 역할을 할 수 있음을 아프리카TV는 보여줬다고 생각해요.

기술과 경영
그리고 사람

편 신기술은 어떻게 구상하고 개발하나요?

홍 신기술을 구상하고 개발하는 과정은 복잡하며 여러 단계와 방법론, 그리고 다양한 영감의 원천이 있어요. 아래는 그 과정의 대략적인 개요입니다.

문제 인식: 모든 기술은 어떤 문제를 해결하기 위해 탄생합니다. 현재의 문제점이나 미래의 잠재적 문제를 발견하고 이를 해결하고자 하는 동기가 첫 단계가 됩니다.

시장 조사: 이미 존재하는 기술이나 솔루션을 조사하여 현재의 트렌드와 고객의 요구사항을 파악합니다. 이를 통해 기존의 솔루션과 차별화된 가치를 제공할 수 있는 포인트를 찾습니다.

아이디어 브레인스토밍: 문제를 해결할 수 있는 다양한 아이디어를 브레인스토밍합니다. 이 과정에서는 창의적인 사고와 다양한 경험 및 지식의 접목이 중요합니다.

프로토타입 개발: 선택된 아이디어나 솔루션을 기반으로 초기 모델 또는 프로토타입을 개발합니다. 이를 통해 아이디어의

실행 가능성을 검증합니다.

테스트 및 평가: 개발된 프로토타입을 실제 환경에서 테스트하고, 필요한 경우 수정 및 개선을 반복합니다.

기술적 검토: 기존에 사용되던 기술이 아닌 새로운 기술을 활용하려면, 해당 기술의 안정성, 효율성, 비용 등을 검토합니다.

투자 및 자원 확보: 신기술 개발은 상당한 비용과 시간, 그리고 전문가의 도움이 필요할 수 있습니다. 적절한 투자와 리소스를 확보하는 과정도 중요합니다.

상용화 및 출시: 테스트와 평가를 거쳐 상용화 단계로 넘어가게 됩니다. 이 단계에서는 시장 전략, 판매 전략 등 다양한 부분을 계획하게 됩니다.

피드백 및 지속적 개선: 시장에 출시된 후에도 지속적인 피드백 수집 및 개선 작업을 통해 기술을 더욱 완성도 있게 만듭니다.

신기술의 구상과 개발은 연구원, 엔지니어, 디자이너, 경영자 등 다양한 전문가들의 협업이 필요하며, 실패와 성공을 반복하면서 완성도를 높여나가는 과정이에요.

편 기술개발의 성공과 실패 요인은 무엇인가요?

홍 기술개발이란 단순히 새로운 기술을 만드는 것만이 아니에요. 개발 목표, 시간, 그리고 완성도라는 세 가지 중요한 요소가 서로 밀접하게 연결되어 있죠. 이 세 가지 요소가 잘 조화롭게 진행되어야만 진정한 성공을 거둘 수 있어요.

개발 목표: 개발하려는 기술의 궁극적인 목표가 무엇인지를 명확히 설정하는 것이 중요해요. 이 목표가 지나치게 높으면, 기술개발이 어려워질 수 있습니다.

시간: 모든 개발에는 그에 맞는 적정한 기간이 필요해요. 이 기간 내에 개발 목표를 달성하려면, 계획을 철저하게 세워야 하죠. 그러나 때로는 예상치 못한 변수로 인해 시간이 촉박해질 수 있어요.

완성도: 개발 목표와 시간을 고려하여, 어느 정도의 완성도를 목표로 할 것인지 정하는 것도 중요해요. 높은 완성도를 추구한다면, 개발 기간이 길어질 수 있으며, 반대로 짧은 시간 안에 개발을 완료하려면 완성도를 다소 타협해야 할 수도 있어요.

이렇게 세 가지 요소 사이에서 타협하며 최적의 결과를 도출해 내야 해요. 그런데도 지나치게 높은 개발 목표와 촉박한 시간 압박 아래에서는 완성도가 떨어지는 결과를 초래하거나, 아예 개발을 마무리하지 못하는 경우가 상당히 많아요.

따라서, 성공적인 기술개발을 위해서는 이 세 가지 요소의 균형을 잘 맞추는 것이 핵심입니다. 개발 과정에서의 타협은 불가피하지만, 꼭 필요한 부분에서는 유연하게 대처하며, 가장 중요한 목표를 잃지 않는 것이 중요해요. 여러분들도 앞으로 다양한 프로젝트나 목표를 향해 나아갈 때, 이러한 요소들을 잘 고려하며 최적의 결과를 도출해 내기를 바랍니다.

편 기술과 사람을 연결하는 건 무엇인가요? 기술개발도 어렵고, 사람 관리도 어려울 것 같아요.

홍 CTO의 역할은 기술과 사람, 두 가지 양면을 동시에 다루게 됩니다. 기술개발은 대부분의 CTO에게는 익숙한 부분인데요, 이유는 간단해요. 오랫동안 기술의 세계에 몸담았기 때문에, 그들에게 기술적인 문제나 도전은 사실상 하나의 놀이와도 같은 경우가 많죠. 그들은 자신의 전문성과 경험을 바탕으로 복잡한 기술 문제들을 해결해 나갑니다.

그러나, 사람 관리는 조금 다르답니다. 많은 CTO가 인간관계나 팀의 다양한 감정, 조직 문화와 같은 '사람'과 관련된 부분에서 난관을 겪기도 해요. 대부분의 시간을 기계와 대화하며 보내왔던 그들에게는 팀원 간의 갈등 관리나 조직 내 소통과 같은 부분이 낯설게 느껴질 때가 많거든요. 그렇기 때문에, CTO로서 성공하기 위해서는 단순히 기술적인 능력만으로는 부족해요. 사람들 간의 관계를 형성하고, 팀원들의 능력을 최대한으로 발휘할 수 있도록 도와주는 리더십 능력이 필수적이죠. 기술의 세계에서만 경험을 쌓았던 많은 CTO가 사람 관리의 중요성을 깨닫고, 이 부분을 개선하기 위해 노력하는 모습을 종종 볼 수 있답니다.

따라서, CTO를 향한 여러분의 꿈을 실현하기 위해서는 기술뿐만 아니라 인간관계에 대한 이해와 사람 관리 능력도 동시에 키워나가는 것이 중요하다는 것을 기억해 주세요.

편 CTO에게는 사람과 기술 중에 무엇이 우선인가요?

홍 CTO의 역할은 기술의 전략적 지향성을 설정하고 기술 팀을 리드하는 것입니다. 이때, '사람'과 '기술' 모두 CTO에게 중요한 요소죠. 그러나 어느 것이 우선인지는 상황과 조직의 목표에 따라 달라질 수 있어요.

기술 우선: 초기 스타트업 또는 기술 중심의 회사에서는 새로운 제품이나 서비스를 출시하는 데 필요한 핵심 기술을 확보하는 것이 중요할 수 있어요. 이 경우, 기술의 개발과 혁신이 우선될 수 있습니다.

사람 우선: 그러나 오랜 시간이 지나면서 조직이 성장하게 되면, 팀의 효율성, 협업, 조직 문화 등 '사람'과 관련된 요소가 더 중요해질 수 있죠. 또한, 기술의 성숙도가 높아질수록 사용자 경험UX이나 서비스의 품질과 같은 '사람' 중심의 측면이 중요해질 수 있어요.

결론적으로, CTO에게는 초기 단계에서는 기술적인 측면이 우선될 수 있지만, 장기적으로 보면 '사람'을 중심으로 한 접근이 필요해요. 사람들이 사용하는 제품이나 서비스를 만드는 것이기 때문에 사용자의 필요와 만족도를 최우선으로 고려하는 것이 중요하며, 내부적으로는 팀원들의 웰빙과 성장도 중요한 고려 사항이 됩니다.

편 AI의 기술개발 역량은 현재 어떻게 되나요?

홍 현재의 AI 기술, 특히 자연어 처리와 머신러닝 분야에서의 발전은 놀라운 속도로 진행되고 있어요. 그중에서도 AI가 코딩을 도와주는 역량은 상당한 발전을 보이고 있죠. 예를 들면, 여러분이 코드를 작성할 때 문법적인 오류나 일반적인 패턴에 대해 추천받거나, 단순한 코드 조각들을 자동 완성해 주는 것은 현재의 AI로도 충분히 가능해요. 또한, 특정 알고리즘 문제나 데이터 처리 과정에서의 팁이나 힌트 제공도 AI의 능력 범위 내에 있죠.

그렇지만, 현재의 AI가 진정한 의미에서 복잡한 소프트웨어 개발 프로젝트를 완전히 독립적으로 수행하기는 아직 어려워요. 현재의 AI는 초급 개발자 수준의 결과를 제공하는 경우가 많거든요. 복잡한 로직, 창의적인 문제 해결 능력, 혹은 높은 수준의 설계 역량을 요구하는 개발 작업을 AI가 수행하는 것은 아직 한계가 있죠. 그렇지만, 기술의 발전 속도를 생각하면 앞으로 AI가 더 복잡한 개발 작업도 도와줄 수 있게 될 것으로 보여요. 단순한 코드 작성뿐만 아니라, 프로젝트의 설계,

최적화, 테스팅 등 다양한 개발 프로세스에서 AI의 도움을 받을 수 있을 거예요.

  그러나 아무리 AI 기술이 발전한다 해도, 인간의 창의력과 식관, 그리고 다양한 경험을 기반으로 한 의사결정 능력을 완벽하게 대체할 수 있을지는 아직 미지수예요. AI는 도구일 뿐, 그 도구를 어떻게 활용하느냐는 여전히 우리 인간의 몫이겠죠.

편 AI가 주도하는 기술개발이 가능할까요?

홍 당연히, AI의 발전은 기술개발 분야에서 많은 변화를 가져왔어요. AI는 데이터 분석, 패턴 인식, 심지어 코드 작성을 보조하는 역할에서 탁월한 능력을 보이며, 개발자들의 작업 효율성을 크게 향상했죠. 그런데도 AI가 개발을 '주도'하는 것은, 현재로서는 아직 어려운 상황이에요. 왜냐하면, AI는 주어진 데이터와 학습 알고리즘을 기반으로 판단을 내린다는 특성상, 그 판단은 언제나 정량적이거나 과거의 경험에 기반하거든요.

반면, 기술개발, 특히 혁신적인 기술개발은 새로운 아이디어와 창의력, 그리고 다양한 배경지식과 경험을 통합해야 하는 복잡한 과정을 포함하죠. 이러한 과정은 AI만으로는 수행하기 어려워요. 또한, CTO와 같은 고차원적인 역할은 단순히 기술개발을 넘어서, 팀의 리더십, 조직 내의 커뮤니케이션, 그리고 전략적인 비전 설정과 같은 다양한 역할을 포함하게 되고요. 이러한 면에서, AI는 아직 이러한 역할을 대체하거나 주도하기에는 아주 부족해요.

결론적으로, AI는 기술개발에서 중요한 보조 도구로서 큰 역할을 하고 있지만, 그것이 주도하는 것은 아니에요. 혁신적인 기술개발과 리더십 역할은 여전히 인간의 창의력, 직관, 그리고 다양한 경험에 기반한 판단 능력이 필요하게 될 거예요.

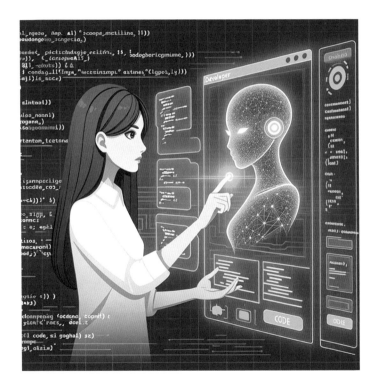

편 기술이 마음을 가질 수 있나요?

홍 마음의 개념은 인간의 감정, 의식, 의지, 자각 등과 연관된 매우 복잡하고 깊은 주제입니다. 기술, 특히 AI와 관련하여 이러한 질문을 다룰 때, 우리는 몇 가지 핵심 포인트를 명확히 이해해야 해요.

시뮬레이션 VS 실제 체험: 현재의 AI 기술은 감정을 '시뮬레이션'할 수 있어요. 예를 들어, 사람의 표정, 목소리, 텍스트에서 감정을 인식하거나, 특정 감정을 표현하기 위한 반응을 모방할 수 있죠. 그러나 이것은 AI가 실제로 그 감정을 '느끼는' 것이 아니라, 데이터와 알고리즘을 기반으로 한 행동을 하는 거예요.

의식과 자각: 인간의 마음과 의식은 아직도 과학과 철학의 주요 미제 중 하나예요. AI가 의식이나 자각을 가질 수 있는지에 대한 질문은, 의식의 본질에 대한 깊은 이해 없이는 제대로 답하기 어렵죠. 현재까지는 AI는 명시적으로 프로그래밍이 된 대로나 학습한 데이터에 기반하여 반응하며, 스스로를 인식하

거나 자각하는 능력은 갖추지 않았어요.

학습과 발전: AI는 빅데이터와 딥러닝 같은 기술을 사용하여 학습하고 발전할 수 있어요. 그러나 그것이 인간의 학습이나 성장과 동일한 과정이라고 보기는 어려워요. AI의 학습은 통계적 패턴 인식에 기반하며, 인간의 경험적 학습이나 감정적 반응과는 본질적으로 다르죠.

결론적으로, 현재의 AI 기술은 '마음'을 가지고 있지 않아요. AI는 매우 발전된 계산 능력을 가진 도구로, 인간의 행동이나 감정을 모방하거나 예측하는 데 탁월할 수 있지만, 그것이 실제로 마음이나 의식을 가진다고 말하기는 어려워요.

기술혁신을 주도하는
최고기술경영자

홍영훈
최고기술경영자
STORY

편 학창 시절은 어떻게 보냈나요?

홍 학창 시절을 돌아보면 정말로 다양한 경험과 추억이 있습니다. 먼저, 학업 면에서는 물리와 수학을 특히 좋아했어요. 그냥 문제의 답을 찾아내는 것만이 아니라, 그 문제나 원리 뒤에 숨겨진 규칙이나 원칙을 깊게 이해하고자 하는 호기심이 있었어요. 수학적 명제나 정리를 받아들이기 전에 그것이 정말로 옳은지 스스로 증명하려 노력했죠.

그리고 그냥 책상 앞에서만 공부하는 것이 아니라, 실제로 물건을 손에 쥐고 직접 뜯어보거나 고쳐보는 것도 좋아했어요. 기계나 전자제품에 대한 호기심 때문에 고장 나거나 더이상 필요하지 않은 물건을 수리하거나 개조하는 시도를 했던 것 같아요. 그중에서도 탁상용 시계를 분해했다가 두 개의 시계를 모두 망가뜨린 일은 지금도 웃으면서 기억해요.

그런데 학창 시절만의 특별한 추억 중 하나는 컴퓨터 게임이에요. 당시에 나온 〈갤러그〉라는 게임에 푹 빠져서 시간 가는 줄 모르고 게임에 몰두했어요. 50원을 넣고 시작한 게임이 어느새 몇 시간을 채워줄 정도로 재밌었거든요. 그래서 오락실 주인아저씨가 돈을 주면서 쫓아내곤 했죠. 그리고 다른 동네의 오락실을 찾아다니며 최고 점수를 갱신하는 것도 제 취미였어요. 그렇게 학창 시절은 다양한 경험과 추억으로 가

득 차 있었고, 그때의 호기심과 도전정신은 지금의 저를 만들어 준 중요한 기초가 됐어요.

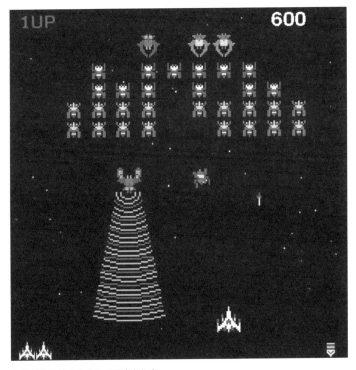

학창 시절 즐겼던 오락실 게임 〈갤러그〉

편 엔지니어로서 첫 출발은 어땠나요?

홍 엔지니어로서의 출발은 꽤 흥미로웠습니다. 1994년, 웹 브라우저가 보편화되지 않은 시절에 PC 통신을 위한 나우로를 개발했어요. 그 소프트웨어는 우리나라에서 처음으로 사진과 소리를 포함한 멀티미디어 기능을 제공했기 때문에 큰 주목을 받았어요. 나우로를 통해 사용자들은 단순한 텍스트 통신을 넘어서 더 다양한 정보를 주고받을 수 있게 되었고, 이는 당시의 큰 혁신이었죠.

이런 성공에도 불구하고 항상 사용자의 의견을 중요시했어요. 매일 밤 채팅을 통해 직접 사용자들과 소통하며 피드백을 받아들이고, 그것을 바탕으로 다음 날 바로 개선 작업에 들어갔죠. 사용자들은 이런 빠른 대응에 대해 매우 만족했고, 그로 인해 나우로의 인기는 더욱 높아졌어요.

그 결과로 나우로의 성공은 단순히 한 회사의 소프트웨어에서 그친 것이 아니라, 전 국가적인 피시통신의 표준이 됐어요. 웹브라우저가 나타나 시장을 지배하기 시작할 때까지, 우리나라의 피시통신 시대는 나우로와 함께했습니다.

편 엔지니어 후배들을 보면 어떤 생각이 들어요?

홍 제가 걸어왔던 길을 이제 시작하는 새로운 개발자 친구들

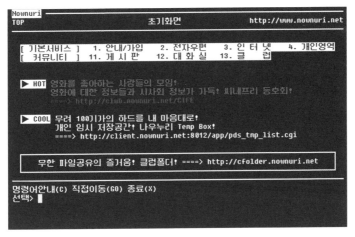

멀티미디어 통신 이전의 나우누리 피시통신 화면

을 볼 때, 그들의 모습이 정말 사랑스러워요. 그런 그들에게 제가 지난 30년 동안 쌓아온 지식과 경험을 많이 전해주고 싶은 마음이 크게 들어요. 개발자라는 직업은 컴퓨터나 스마트폰에 돌아가는 프로그램을 만드는 일이에요. 하지만 그냥 코드만 잘 짜는 것이 전부는 아니죠. 여러분들도 학교에서 여러 과목을 배우듯, 개발자도 다양한 것을 알고 있어야 해요.

예를 들면, 우리가 쓰는 어떤 앱이나 게임이 있잖아요? 그 안에 보이는 멋진 그림이나 디자인, 그리고 그 앱을 사람들에게 어떻게 알릴지에 대한 생각도 중요해요. 그래서 기획자나

나우콤, 멀티 PC통신 개발

온라인상에 이미지·문자 함께나타나

저자가 개발한 나우로윈에 대한 조선일보 기사(1994.11.08)

마케팅팀, 디자이너들과 같이 일해야 하죠. 제 생각에 후배 개발자들은 단순히 코드를 잘 짜는 것만을 중요하게 생각하기보다는 주위 사람들과의 관계를 중요하게 생각하면 좋겠어요. 그래서 좋은 팀원이 되기 위해 다른 사람들과 협력하는 방법을 잘 배워가면 좋겠다는 생각이 들어요. 그리고 여러분들에게도 조언하자면, 여러 가지 경험을 많이 해보고 다양한 친구들과 좋은 관계를 맺어보세요. 그럼, 나중에 어떤 직업을 선택하든지, 그 직업에서 성공할 수 있을 거예요.

편 개발자로 시작해서 CTO까지 살아오셨는데, 본인이 어떤 일을 할 때 더 행복했나요?

홍 대부분의 기술 관리자, 특히 CTO로서 역할은 개발자일 때와는 확연히 달라요. 저는 개발자로서 코드를 작성하고, 새로운 기술을 탐구하는 그 과정 자체에 큰 행복을 느꼈어요. 그 순간순간이 소중하고, 어떤 면에서는 순수했죠. 하지만 CTO로서 역할은 달라요. 팀을 이끌고, 전략을 수립하고, 종종 원치 않는 관리 업무에 머물러야 하는 경우가 많아요. 그렇기 때문에 개발자 시절이 더 행복했다고 생각해요.

그런데 여기서 잠깐, "그럼, 왜 CTO가 되었나?"라고 묻는다면, 그건 좀 더 큰 그림에서 보면 답이 나와요. 개발자로서는 제 능력과 열정을 코드에 담아 세상에 전할 수 있지만, CTO로서는 그 이상의 것을 할 수 있죠. 더 큰 영향력을 발휘하고, 기업과 팀을 성장시키는 데 기여할 수 있어요. 그런 측면에서 보면 CTO로서 역할은 보람차지만, 동시에 무거운 책임을 안게 되는 거죠. 저는 은퇴 후에는 다시 코드와 가까워지고 싶어요. 그리고 그 능력을 사회적 가치 창출에 활용하고 싶고요. 시빅 해커처럼 자유롭게, 하지만 여전히 의미 있게 기술의 세계에 뛰어들고 싶은 꿈이 있어요. 그렇게 다시 개발자의 길을 걷게 될 꿈을 꿉니다.

편 앞으로의 계획은 어떤가요?

홍 지금까지의 경험과 지식을 바탕으로, 현재는 국가 기관과 기업의 기술 정책에 대한 자문 활동을 하며, 스타트업들이 혁신적인 서비스를 선보일 수 있도록 지원하고 있어요. 이런 활동은 제게 큰 의미가 있어 앞으로도 계속해 나갈 계획이에요. 물론, 아프리카TV 같은 혁신적인 서비스를 다시 만들어 세상에 선보일 기회가 올 수 있다면 더 행복할 거예요. 그렇지 않더라도, 계속해서 새로운 도전을 통해 세상에 기여할 수 있다는 것 자체로 큰 보람을 느끼고 있습니다.

기술혁신을 주도하는
최고기술경영자

이 책을 마치며

편 지금까지 장시간의 인터뷰였습니다. 처음에는 내용이 어려웠는데 대화를 나눌수록 기술과 기술개발의 과정이 와닿았고, 기술 개발자들의 모습이 눈앞에 그려지는 것 같았어요. 이제 마무리할 시간인데, 장시간의 인터뷰 소감이 어떠신가요?

홍 솔직히 처음에 이렇게 많은 질문에 어떻게 답을 해야 할지, 제 경험과 지식이 얼마나 도움이 될 수 있을까 고민이 많았어요. 개발자와 CTO의 역할에 대해 깊이 이야기하는 것은 쉽지 않은 일이니까요. 하지만 질문에 답하면서, 그 과정에서 제가 지난 30년 동안 경험하고 배운 것들이 한꺼번에 떠올랐고, 그것들을 어떻게 표현해야 할지 조금씩 정리되는 느낌이었어요. 그 과정에서 저 자신도 많이 성장하는 기회가 된 것 같아서 감사한 마음입니다.

이 인터뷰에서 제가 공유한 내용이 기술과 개발, 그리고 CTO의 역할에 대해 궁금해하는 청소년들, 또는 미래의 기술 리더를 꿈꾸는 분들에게 조금이나마 도움이 되었으면 좋겠어요. 아무래도 기술은 복잡하고 빠르게 변화하는 분야라, 가끔은 도전이 힘들고 막막한 순간도 있을 거예요. 하지만 그런 순간마다, 다양한 사람들과 이야기하고 경험을 공유하면서 해답을 찾아나갈 수 있을 거라고 믿어요. 그게 바로 기술개발의 묘미이고, 동시에 우리가 이 분야에서 일하는 가장 큰 이유가 아닐지 싶네요. 이 인터뷰가 미래의 기술개발자, CTO로 성장하게 될 여러분들에게 긍정적인 영감을 주었기를 바랍니다. 고맙습니다!

편 이 책을 읽는 청소년, 그리고 진로 직업에 대해 고민하는 많은 사람이 어떤 직업인이 되기를 바라나요?

홍 저는 청소년들과 진로에 대해 고민하는 많은 사람이 반드시 개발자나 CTO가 되어야 한다고 생각하지 않아요. 중요한 것은 자신이 정말로 사랑하는 일을 찾아내고 그 일을 즐기며 살아가는 거라고 믿어요. 인생에서 일은 중요한 부분을 차지하니까요. 매일 아침 일어나서 기뻐하며, 열정을 가지고 일을 할 수 있다면 그것만으로도 큰 행복이 될 거예요. 그 일이 개발이든, 디자인이든, 의사가 되든, 교육자가 되든 그게 무엇인지는 중요하지 않아요. 중요한 것은 그 일이 본인에게 뜻깊고, 가치 있으며, 세상에 긍정적인 영향을 줄 수 있는 일이었으면 좋겠다는 거죠. 또한, 실패를 두려워하지 않았으면 좋겠어요. 실패는 성공으로 가는 길에 있어서 중요한 경험이고, 배움의 일부예요. 두려움 없이 도전하고, 실패해도 다시 일어나서 더 나은 방향으로 나아가는 용기와 끈기를 가지고 있으면 좋겠어요. 마지막으로, 어떤 직업을 선택하든 간에 그 일을 통해 타인과 사회에 기여할 방법을 항상 고민하고 실천하길 바랍니다. 제 행복뿐만 아니라 주위 사람들과 사회의 행복을 위해 노력하는 사람이 되었으면 좋겠어요. 청소년이든, 어른이든 간에 그런 멋진 인생을 살아가는 사람이 되기를 기대하고 응원하겠습니다!

편　대표님께서는 최고기술경영자라는 직업을 자녀가 갖는다면 어떤 조언을 해주실 건가요?

홍　사실 제 자식도 인공지능 분야를 전공한 개발자이기에 이 질문은 좀 더 개인적이고 실질적인 답변이 될 것 같네요. 만약 내 자식이 CTO가 된다면, 첫 번째로 그에게 전해주고 싶은 조언은 기술보다는 사람, 개인보다는 팀이 중요하다는 거예요. 물론 기술은 핵심적이고 중요하지만, 결국 그 기술을 만들고 발전시키는 것은 사람들이에요. 좋은 팀워크와 커뮤니케이션, 그리고 각각의 팀원을 이해하고 존중하는 것이 CTO로서 가장 중요한 덕목이라고 생각해요. 두 번째로, CTO는 경영자 중의 하나예요. 따라서 기술과 개발자에 대한 관심과 애정은 필수적이지만, 그와 동시에 회사가 처해 있는 시장의 환경, 경쟁 상황, 고객들의 니즈와 트렌드에 대해서도 깊은 이해와 많은 관심을 가져야 한다고 믿어요. 기술만을 중시하는 것이 아니라, 그 기술을 어떻게 시장에 적용하고, 사업을 확장해 나갈 것인지에 대한 전략적인 사고 또한 필요하다고 조언해 줄 거예요. 마지막으로, 변화를 두려워하지 않고, 항상 새로운 것을 배우고 도전하는 자세를 갖추기를 바랄 거예요. 기술 분야는 끊임없이 발전하고 변화하는 분야이기에, 그 변화에 유연하게 대응하고, 또 그 변화를 선도하는 리더가 되기를 희망하죠. 제 자식이 CTO가 되어 그런 멋진 리더로 성장한다면, 그것이 얼마나 자랑스러운 일인지 모르겠습니다.

편 기술을 위한 기술이 아니라 인간과 지구를 위한 기술이 많이 탄생하면 좋겠어요.

홍 저도 완전히 동감합니다. 기술의 발전과 혁신은 결국 인간과 지구를 위해 더 나은 미래를 만들기 위한 것이어야 한다고 믿어요. 기술은 단순히 효율성과 생산성을 높이는 도구가 아니라, 우리의 삶의 질을 향상하고, 환경을 보호하며, 지속 가능한 발전을 이루는 데 기여해야 한다고 생각해요. 인간의 복지와 지구의 건강이 공존하는 기술이 혁신의 중심이 되어야 하며, 그런 가치를 지닌 기술이 더욱 널리 퍼져나가기를 바랍니다. 그래서 그러한 가치를 기반으로 한 기술과 아이디어가 더 많이 공유되고 발전할 수 있는 환경을 함께 만들어 가야 할 중요한 숙제라고 생각해요.

편 청소년 여러분, 우리 사회를 이끌어가는 고도화된 기술이 결국 인간의 상상과 마음속에서 탄생하고, 인간 사이의 복잡한 협업을 통해 최종적으로 상용화된다는 사실에 너무 놀라웠어요. 최고기술경영자 직업의 세계, 많은 도움 되셨나요? 홍영훈 대표님께서 여러분에게 쉽고 따뜻하게 설명해 주시기 위해 노력하시는 모습에 정말 감사했고, 차가운 기술과 보통의 인간 사이에는 따뜻한 마음을 지닌 기술개발자가 존재한다는 걸 배울 수 있었던 시간이었어요. 이 책을 읽는 여러분 중에서 인간과 자연을 위하는 마음의 기술개발자가 탄생하고, 기술개발의 모든 과정을 책임지고 이끄는 리더가 나오기를 기원할게요. 이 세상의 모든 직업이 여러분을 단 한 명도 차별하지 않고 모든 문을 활짝 열 수 있도록 잡프러포즈 시리즈는 부지런히 달려갑니다. 다음 편에서 뵙겠습니다! 감사합니다.

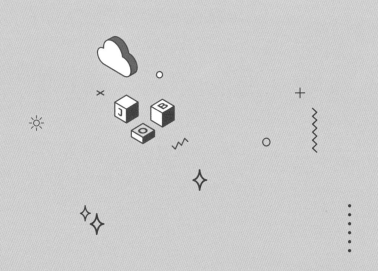

나도
최고기술경영자

01 기술 리서치 프로젝트

│숙제 내용│ 최근의 기술 트렌드를 조사하고 이를 바탕으로 미래의 기술 트렌드를 예측해 보세요.

│활동 방법│ 인터넷, 책, 기사 등을 참고하여 조사하고, 팀원들과 이야기를 나눠 미래의 기술 트렌드에 대한 리포트를 만들어 보세요.

02 미니 해커톤

│숙제 내용│ 주어진 문제를 해결하기 위한 앱이나 웹사이트를 짧은 시간 안에 만들어 보세요.

│활동 방법│ 팀을 이루어 기획, 디자인, 개발의 각 단계를 거쳐 프로토타입을 만들어 보세요.

03 리더십 워크숍

│숙제 내용│ 리더십에 관한 다양한 자료를 조사하고, 자신들만의 리더십 스타일을 정립해 보세요.

│활동 방법│ 각자 리더십에 대해 조사한 내용을 공유하고 토론을 통해 팀 전체의 리더십 원칙을 만들어 보세요.

04 기술 사용 사례 분석

│숙제 내용│ 현재 시장에서 사용되고 있는 기술의 사례를 분석해 보세요.

│활동 방법│ 기술이 실제로 어떻게 사용되고 있는지 사례를 조사하고, 그 기술의 장단점 및 개선 방안을 분석해 보세요.

05 스타트업 아이디어 브레인스토밍

│ **숙제 내용** │ 직접 스타트업을 창업한다고 가정하고, 혁신적인 비즈니스 아이디어를 생각해 보세요.

│ **활동 방법** │ 팀원들과 브레인스토밍하여 아이디어를 도출하고, 비즈니스 모델을 만들어 프레젠테이션해 보세요.

이런 활동들을 통해 청소년들은 기술과 비즈니스, 리더십 등 다양한 경험을 쌓을 수 있어요. 또한, 팀으로 작업을 하면서 협업과 커뮤니케이션 능력도 함께 키울 수 있겠죠.

06 오픈소스 프로젝트 참여

│ **숙제 내용** │ GitHub 같은 플랫폼에서 오픈소스 프로젝트를 찾아 참여해 보세요.

│ **활동 방법** │ 오픈소스 프로젝트를 탐색하고, 버그 수정, 문서화, 번역 등 각자 할 수 있는 일에서 참여해 실제 프로젝트에 기여해 보세요.

07 오픈소스 소프트웨어 분석

│ **숙제 내용** │ 유명한 오픈소스 소프트웨어를 선택하고 그 구조와 기능, 커뮤니티를 분석해 보세요.

│ **활동 방법** │ 소스 코드를 분석하거나 커뮤니티에 참여해 보면서 소프트웨어의 특징과 커뮤니티의 활동 방식을 파악해 보세요.

08 자체 오픈소스 프로젝트 시작

│ **숙제 내용** │ 동아리나 조별로 자체 오픈소스 프로젝트를 시작해 보세요.

│ **활동 방법** │ 공동으로 개발할 소프트웨어의 아이디어를 뽑고, 그 아이디어를 기반으로 실제 오픈소스 프로젝트를 시작해 보세요.

오픈소스에 관한 숙제를 통해 청소년들은 실제 소프트웨어 개발의 현장을 경험하고, 전 세계 다양한 개발자들과 협업하는 방법, 커뮤니티에서의 소통 방법 등을 배울 수 있을 거예요.

청소년들의 진로와 직업 탐색을 위한
잡프러포즈 시리즈 66

기술혁신을 주도하는
최고기술경영자

2024년 1월 25일 | 초판1쇄

지은이 | 홍영훈
펴낸이 | 유윤선
펴낸곳 | 토크쇼

편집인 | 김수진
교정 교열 | 박지영
표지디자인 | 이든디자인
본문디자인 | 김연희
마케팅 | 김민영
기획 | eBrain

출판등록 2016년 7월 21일 제2019-000113호
주소 | 서울시 마포구 월드컵북로98, 2층 202호
전화 | 070-4200-0327
팩스 | 070-7966-9327
전자우편 | myys327@gmail.com
ISBN | 979-11-92842-67-7(43190)
정가 | 15,000원